MOLDEN
TASCHENBUCH
VERLAG

*Das Buch:*

„Wir flogen jenseits der Grenzen . . .", hieß es im „Marsch der
Legion Condor". Die da flogen, waren 700 deutsche Piloten, die
Göring ab 1936 nach Spanien schickte – in den Bürgerkrieg, den
General Franco im Sommer desselben Jahres mit einem Militärputsch ausgelöst hatte. Zusammen mit den Piloten kamen Flugzeuge, Panzer und Geschütze aus Deutschland nach Spanien. Die
„Legion Condor" entstand . . .
Die Geschichte des Spanischen Bürgerkrieges, der Verlauf der
Schlachten und die politischen Ereignisse im Zusammenhang mit
dem militärischen Geschehen sind das Thema dieses Buches. Spanien – das war in den Jahren 1936 bis 1939 auch der ideale „Exer-
zierplatz" für jene ausländischen Mächte, die auf seiten der Republikaner oder der Nationalisten in einem der ersten „Stellvertreter-
kriege" des zwanzigsten Jahrhunderts intervenierten. Aber es
wurde scharf geschossen . . .

*Der Autor*

Peter Elstob wuchs in den Vereinigten Staaten auf und trat später in
die RAF, die britische Luftwaffe, ein, wo er als Pilot ausgebildet
wurde. Bei Ausbruch des Spanischen Bürgerkrieges quittierte er
den Dienst und meldete sich freiwillig zur republikanischen Luftwaffe und kämpfte bis zum bitteren Ende. Im Zweiten Weltkrieg
diente er als Offizier in der Panzertruppe.
Bisherige Veröffentlichungen: „Warriors for the Working Day",
ein Roman aus dem Alltag des Panzerkampfes, und zwei Werke
über den Spanischen Bürgerkrieg, „The Armed Rehearsal" und
„The Spanish Prisoner".

Peter Elstob

# LEGION CONDOR

Mit 80 Abbildungen im Text

MTV · MOLDEN-TASCHENBUCH-VERLAG
WIEN–MÜNCHEN

1. Auflage

MTV · Molden-Taschenbuch-Verlag
EROICA Verlagsgesellschaft mbH., Wien-München
Original-Taschenbuchausgabe
Aus dem Amerikanischen übertragen von
URSULA FRONZ
Titel der amerikanischen Originalausgabe:
CONDOR LEGION
Umschlagentwurf: Hans Schaumberger
Satz: Paul Gerin, Wien
Druck und Bindung: Ebner, Ulm
MTV-Band 151, September 1978
ISBN 3-217-05151-3

# Inhalt

# Generalprobe

Vorwort von Martin Green

So wenig man eigentlich wirklich genau über den Spanischen Bürgerkrieg im allgemeinen weiß, eines scheint doch den meisten Menschen unserer Generation ziemlich klar: Der Spanische Bürgerkrieg war die große Probierbühne, auf der sowohl das nationalsozialistische Deutschland, das faschistische Italien als auch das kommunistische Rußland ihre Panzerwaffen und ihre Kriegsflugzeuge im großen Stil – und vor allem im scharfen Schuß – erprobten.

Peter Elstob hat über diesen Krieg nicht nur den vorliegenden Tatsachenbericht, sondern auch einen Roman mit dem Titel „The Armed Rehearsal" geschrieben. Eine bessere Überschrift hätte er seinem Buch wohl nicht geben können. Aber ebenso wichtig wie die technisch-militärischen Fragen sind natürlich die Fragen nach den Ursachen für diesen Krieg. Was war das eigentlich: Ein Kampf zwischen Faschismus und Kommunismus, eine Auseinandersetzung zwischen extremen Linken auf der einen Seite und reaktionären Rechten auf der anderen? Sicherlich – aber es war noch mehr: dieser Krieg war die Auseinandersetzung zwischen „Sol y sombre". Sol y sombre – Sonne und Schatten teilen die große Arena genau in der Mitte. In der Stunde der „Corrida", wenn Stier und Torero auf den Kampf um Leben und Tod warten, „a las cinco de la tarde" – um fünf Uhr am Nachmittag. „Sol y sombre" – sie symbolisieren auch die spanischen Nationaleigenschaften: Hingebungsvolle Begeisterungsfähigkeit, lodernde Leidenschaft, Idealismus und Sterbenkönnen. Und das Töten auch.

Was damals in Spanien geschah, bewegte ganz Europa, ja mehr noch, die ganze Welt. Und von überall her kamen die fremden Soldaten ins Land. Franzosen, Polen, Deutsche, Amerikaner und Briten kämpften auf seiten der Republikaner in der internationalen Brigade. Und die Russen schickten Flieger, Techniker und Soldaten. Die Nationalisten wurden von Deutschland und Italien unterstützt. Zunächst war das alles höchst geheim: Ausländische Einmischung – das gab es nicht! Aber mit dem Fortgang des Krieges fiel die offizielle Tarnung immer mehr, und die internationale Intervention wurde offenbar. Was von deutscher Seite in Spanien kämpfte, wurde offiziell unter der Bezeichnung „Legion Condor" zusammengefaßt. Und die Legion Condor exerzierte einer staunenden Welt zum ersten Mal vor, was kurze Zeit später ganz Europa kennenlernen sollte: Den modernen „Blitzkrieg", oder einfach „Blitz", wie man auch im Ausland ganz allgemein sagte. Was in den Jahren 1939 und 1940 den Menschen in Warschau, in Rotterdam und in London widerfuhr, wurde in Spanien praktisch geprobt. Gut ausgerüstete und ausgebildete Soldaten im Einsatz. Überlegen in Taktik und Kampfkraft.

Als die Männer der Legion Condor schließlich nach Deutschland zurückkehrten, wurden sie von Hitler und Göring mit allen Ehren empfangen. Aber weder die Franzosen noch die Engländer begriffen damals, was in Spanien geschehen war und was ihnen selber bevorstand. Als sie es endlich begriffen, war es fast schon zu spät: das war im Sommer 1940. Am Strand von Dünkirchen.

Im vorliegenden Buch behandelt Peter Elstob das Entstehen und den Einsatz der Legion Condor. Gleichzeitig erfährt der Leser auch, was damals wirklich in Spanien geschah. Es war eine höchst ungewöhnliche Art der Auseinandersetzung. Auf der einen Seite standen die Nationalisten mit einem gutausgerüsteten, klassisch aufgebauten und regulären Heer. Ihnen gegenüber standen die Republikaner mit ihren schlecht organisierten und vor allem nur mangelhaft ausgerüsteten Kräften. „National" waren beide Seiten: Beide verstanden ihren Einsatz als Kampf für Spanien. Wofür sie kämpften, war trotzdem grundverschieden: Die einen töteten im Namen des Fortschritts und einer neuen demokratischen Ordnung. Und die anderen versuchten, das zu erhalten, was Spanien bis dahin gewesen war – ein Land, in dem das zwanzigste Jahrhundert in Wirklichkeit noch gar nicht begonnen hatte.

Auf seiten der Republik kämpften Kommunisten, Republikaner, Sozialisten und Anarchisten. So fanatisch auch der Einsatz gerade der Letztgenannten meist war, anerkannten sie doch nicht das militärisch allgemein übliche Prinzip der absoluten Unterordnung unter gegebene Befehle. Das war bemerkenswert, aber dem Erfolg auf dem Schlachtfeld nicht unbedingt förderlich. (George Orwell beispielsweise berichtet über die dramatischen Auswirkungen dieser eigenartigen Sonderstellung der Anarchisten während des Kampfes um Barcelona.)

Peter Elstob gelang mit diesem Buch objektive Geschichtsschreibung. Seine Aufgabe sieht der Autor nur darin, zu beschreiben, was sich damals wirklich begab. Gut und Böse darf es für den Geschichtsschreiber nicht geben – und gerade bei der Beschreibung des Spanischen Bürgerkrieges, der politische Gemüter in aller Welt so leidenschaftlich aufgewühlt hat und noch lange nicht für alle bloße Geschichte geworden ist, mag es sehr schwer sein, in der Berichterstattung leidenschaftslos und frei von persönlichen Meinungen nichts anderes wiederzugeben als die bloßen Fakten. Der Autor hat die schwierige Aufgabe, „Geschichte und nichts als Geschichte" zu schreiben, in beachtenswerter Weise gelöst. Elstob läßt den Leser die Geschichte des gesamten Spanienkrieges erleben, der so ganz anders war als die meisten anderen militärischen Auseinandersetzungen zuvor.

In diesem Bürgerkrieg waren die Auseinandersetzungen besonders blutig und grausam. Und die Tatsache, daß in Spanien schon damals Soldaten aus so vielen Staaten der Welt, die um diese Zeit noch in Frieden miteinander lebten, sich mit wütender Verbissenheit bekämpften, nahm die Ereignisse des folgenden Weltkrieges zum Teil schon vorweg. Auch viele Literaten und Schriftsteller zog es damals nach Spanien, wie etwa Ralph Fox, Christopher Caudwell und John Cornforth. Alle drei fielen auf seiten der Republikaner. W. H. Auden und George Orwell kämpften ebenfalls für die Republik. Orwells „Homage to Catalonia" blieb als literarisches Dokument das Werk eines enttäuschten Idealisten. Und der südafrikanische Schriftsteller Roy Campbell kämpfte ebenso für Franco wie zum Beispiel ein ganzes Bataillon aus Irland, die „O'Duffy Blueshirts". Naturgemäß brachten viele Schriftsteller – wie etwa Arthur Koestler und George Orwell – ihre Kriegserlebnisse zu Papier oder verwerteten sie sonst literarisch. Ein Grund mehr, warum es so viele einander widersprechende Beschreibungen und Bücher über den Spanischen Bürgerkrieg gibt.

Die Wahrheit zu finden, ist hier schwerer als in vielen anderen Fällen. Und das gilt nicht nur für die Menschen, die damals vielleicht noch nicht einmal geboren waren, sondern sogar für die Veteranen dieses Krieges selbst.

Der Wissenschaftler Hugh Thomas hat eine sehr gute Geschichte des Bürgerkrieges geschrieben, welche vorbehaltlos empfohlen werden kann. Aber – und das sei gleich vorweggenommen – es handelt sich dabei um ein nicht einfach zu lesendes Werk, das höchste Aufmerksamkeit verlangt. Auch die Legion Condor spielt in allen Werken über den Bürgerkrieg eine ganz wesentliche Rolle.

Wie mutig und tapfer diese deutschen Soldaten damals auch gekämpft haben mögen, ein Makel wird immer an ihnen bleiben: Guernica. Die Hauptstadt des Baskenlandes wurde von den Kampfflugzeugen der Legion Condor im wahrsten Sinn des Wortes „ausradiert" –

obwohl das Wort selbst erst Jahre später in den Sprachgebrauch der Kriegsberichte aufgenommen wurde. Häuser, Straßen und Plätze fielen in Schutt und Asche. Wehrlose Menschen starben im Bombenhagel und unter den Maschinengewehrgarben aus der Luft. Was als friedlicher Markttag einer Provinzstadt begonnen hatte, endete in einem unvorstellbaren Blutbad. Die Welt verstummte entsetzt vor den Greueln – und Spaniens größter Maler, Pablo Picasso, versuchte, sein Grauen auf die Leinwand zu bannen und schuf „Guernica", das heute im Museum of Modern Art in New York zu sehen ist.

Das vorliegende Buch soll weder eine späte antifaschistische Pflichtübung sein, noch eine Verherrlichung jener, die damals „jenseits der Grenze" flogen, sondern nichts anderes als ein ehrlicher Versuch der objektiven Geschichtsdarstellung.

# Über Spanien

Der alte Mann ließ die Haue sinken, blickte hinauf zum Himmel und sah, was zuvor seine Aufmerksamkeit erregt hatte: Schwere dreimotorige Flugzeuge hoch am fast wolkenlosen Firmament. Drei exakte „V"-Formationen. Tiefes, sonores Brummen. Der Mann zählte die „pajaros negros", die „schwarzen Vögel" dort oben: vier waren es in jedem „V". Drei mal vier. Zwölf Maschinen. Und sie flogen nach Osten.

Es war heiß an jenem Tag, aber das schien dem Alten nichts auszumachen. Er ließ die Haue fallen und lief den steinigen Weg zum Dorf hinunter, so schnell er konnte. Drei Kilometer waren es bis zum einzigen Telefon, aber er mußte es schaffen. Rechtzeitig schaffen. Die Flugzeuge, denen der Mann noch eben mit haßerfüllten Augen nachgeblickt hatte, flogen nach Osten in Richtung der Berge. Und dort, das wußte der Alte, saßen irgendwo seine Enkel. Die „pajaros" aber, das wußte der alte Bauer auch, hatten ihre Bäuche voller Bomben . . .

Der junge Bombenschütze oben im vordersten Flugzeug sah nichts von dem. Alles, was er ausnehmen konnte, war das in der Hitze flimmernde Land unter ihm. Weite braune Flächen, dazwischen ein paar Bäume. Ganz anders war hier die Landschaft als daheim in Deutschland. Keine grünen Wälder, aber immerhin doch Bauernland wie zu Hause. Saubere, mit niederen Steinmauern abgegrenzte Felder.

Zwanzig Minuten Flugzeit noch bis zum Ziel. Was dachten die Leute da unten eigentlich? Waren sie glücklich darüber, daß man sie im Kampf gegen den Bolschewismus unterstützte? Oder war ihnen das alles ganz gleichgültig?

Das Bombenvisier war in Ordnung – reine Routine das ganze, Hunderte Male schon geübt. Allerdings: heute würden die Bomben zum ersten Mal auf wirkliche Ziele fallen. Der junge Bombenschütze im Kampfflugzeug fühlte seine Nervosität.

Die 18 Jagdflugzeuge, die 2000 m über den Bombern flogen, hatten andere Sorgen: sie suchten den Himmel nach Feindjägern ab, die sich überraschend auf die wertvollen Bomber stürzen konnten.

10 km weiter im Süden flog um die gleiche Zeit ein zweiter Verband von dreimotorigen Bombern das Ziel an. Und auch diese Flugzeuge wurden vom Boden ebenso gesichtet wie ihre Begleitjäger, die – mit geringerer Motorleistung dahinziehend, um ihre langsameren „Schützlinge" nicht aus den Augen zu verlieren – durch den wolkenlosen Himmel dröhnten. Was die Beobachter unten auf der Erde gesehen und weitergemeldet hatten, löste etwa 100 km vor dem anfliegenden Verband plötzliche und verwirrende Aktivität aus. Fliegeralarm! Sirenengeheul, zwei Signalraketen steil in den Himmel. Und dann plötzlich rasendes Laufen, wildes Gewimmel. Ein Jägerflugplatz. Mechaniker an den Maschinen, laufende Piloten. Schnell die Haube auf, Brille über die Augen. Nur schnell! Start, Vollkreis über den Platz und ab in Richtung Front. Dann der Stabsschwarm, gefolgt von den anderen, insgesamt 16 Maschinen. Kurze, gedrungen wirkende Jagdmaschinen in enger Formation und im steilen Steigflug, um schnell Höhe zu gewinnen. Gleichzeitig fliegt auch ein anderer Jagdverband von einem in der Nähe befindlichen Platz dem Feind entgegen. Fast 100 Flugzeuge sind es, die da aufeinander zustreben, der Luftschlacht entgegen. Man schreibt den Herbst des Jahres 1936, und das Land, das unter den Maschinen dahinzieht, ist das vom Bürgerkrieg gepeinigte Spanien. Spanier gegen Spanier! Aber die in den Flugzeugen kamen nicht aus Spanien: Die dreimotorigen Bomber waren deutsche Junkers Ju 52, die ebenso von deutschen Besatzungen geflogen wurden wie die Heinkel He 51 über ihnen, die man ihnen als Jagdschutz mitgegeben hatte. Nur die Ju 52 des zweiten Bomberverbandes wurden von Spaniern geflogen. Ihr Jagdschutz aber kam aus Italien – Fiat Cr-32 Doppeldecker mit italienischen Piloten. Die zu ihrer Abwehr aufgestiegen waren, kamen aus Rußland: Russische Piloten in russischen Polikarpov I-15 Jägern. Einige Piloten waren Amerikaner, Briten oder Spanier.

18 Jahre war es her, seit der Erste Weltkrieg geendet hatte. Die Jäger und Bomber waren schneller und leistungsfähiger geworden, aber Taktik und Strategie des Luftkrieges waren praktisch unverändert geblieben. Die Bombenflugzeuge wurden im allgemeinen als „verlängerter Arm der Artillerie" zur Zerstörung von strategischen Zielen eingesetzt. Jagdflugzeuge schützten entweder die eigenen Bomber, die die feindlichen zum Absturz zu bringen versuchten, bevor sie noch ihre Ziele erreichten. Daneben flogen die Jäger noch Tiefeinsätze gegen Bodenziele oder wurden – wie übrigens auch die Kampfflugzeuge – für Aufklärungsaufgaben eingesetzt.

Aufgrund der Weltkriegserfahrungen wurden die Jagdflugzeuge auch weiterhin meist als Einsitzer ausgelegt. Ein zweites Besatzungsmitglied war zwar als Beobachter und Heckschütze an sich recht nützlich, aber es bedeutete auch zusätzlichen Ballast, der der Maschine ihre Geschwindigkeit und überlegene Manövrierfähigkeit nahm, die für das Überleben mindestens ebenso wichtig waren wie fliegerisches Können und zielgenaues Schießen. Einheitlich war bei den verschiedenen Baumustern auch die Anordnung der Waffen: Starr eingebaute und nach vorn feuernde Maschinenwaffen. Der Jäger zielte mit der ganzen Maschine – das war die einfachste und wirkungsvollste Methode. Dafür war das Jagdflugzeug nach hinten allerdings praktisch wehrlos und konnte nach dem ersten Anflug auch sein Ziel nicht im Abflug weiterbekämpfen. Diese Nachteile mußten in Kauf genommen werden.

Nur etwa die Hälfte der Bomberbesatzungen und Jägerpiloten hatte zu Beginn des Bürgerkrieges echte Einsatzerfahrung. Der Rest war „grün": Die meisten spanischen Flieger hatten erst nach Kriegsausbruch das Fliegen erlernt. Wenn sie auf ausländische „Profis" trafen, waren sie fast immer ohne Chance: Die „Roten Jäger" schossen sie ebenso erbarmungslos aus dem Himmel wie die hochtrainierten Italiener der „Regia Aeronautica" in ihren Cr-32 und die Flieger der deutschen Luftwaffe auf der anderen Seite.

Die Deutschen flogen die Ju 52 als Bomber und den Doppeldecker He 51 als Jäger. Die Ju 52 war schwerfällig und langsam. Sie „machte" im Horizontalflug nicht viel mehr als etwa 200 kmh. Dafür aber schleppte sie bei jedem Einsatz bis zu einer Tonne Bomben ans Ziel.

Bei den Jägern gab es beachtliche Unterschiede: Die Heinkel He 51 flog etwa 330 kmh und erreichte eine Dienstgipfelhöhe von 7600 m. Damit war sie den schnellen „Chatos", wie die Spanier die russischen Polikarpov I-15 allgemein nannten, deutlich unterlegen. Die „Chato" flog um 40 kmh schneller und stieg um 2000 m höher als der deutsche Jäger. Die Polikarpov war auch besser bewaffnet: sie hatte vier Maschinengewehre, während die He 51 nur über zwei verfügte. Die italienische Fiat Cr-32 war dagegen sogar etwas schneller als die Polikarpov und stieg annähernd ebenso hoch wie der russische Jäger. Auch sie hatte nur zwei Maschinengewehre, allerdings vom Kaliber 12,7 mm, die den 7,62 mm-„Spritzen" der Polikarpov wirkungsmäßig eindeutig überlegen waren.

Was den Jagdmaschinen fast aller Nationalitäten damals gemeinsam war, war das Fehlen von Funkausrüstungen. Man flog ohne akustische Verbindungen mit dem Heimatplatz oder mit Kameraden, einzig angewiesen auf das eigene Orientierungsvermögen oder auf Handzeichen oder sonstige optische Signale des Verbandsführers.

Und so war es auch, als einander die beiden zuvor erwähnten Flugzeugverbände plötzlich sichteten. Der russische Verbandsführer hatte seine Maschine bereits in die nötige Angriffsüberhöhung geführt, als er, noch im Steigflug begriffen, den Gegner tief unter sich entdeckte: einige Junkers Ju 52 in 900 m Höhe. Die Junkers-Flugzeuge zogen ruhig dahin, denn Flugzeugabwehr gab es in dieser Gegend praktisch nicht. Aber die deutschen Jäger waren auf dem Posten. Einer der He 51-Piloten sah die gefährlichen „Chatos" und zeigte sie dem Verbandsführer an: Jäger! 1500 m über uns! Sofort begannen die Deutschen im Steigflug zu kurven. Man mußte Höhe gewinnen und die Russen im Auge behalten. Diese hielten sich an ihre Befehle: Erst die Bomber, dann die Jäger. Abschwung und Angriff aus der Überhöhung. Dann sah der Bombenschütze in der ersten Ju 52 den Gegner kommen. Schrie den Kameraden eine Warnung zu und machte sein Maschinengewehr schußfertig. Auch der Bordschütze entsicherte sein Maschinengewehr. Nur der Pilot blieb scheinbar ganz ruhig, hielt Kurs und Höhe und flog weiter. Und die Russen kamen. Heulender und kreischender Flugwind in den Verstrebungen! Als der erste Russe schon halb hinter den Bombern hing, sah der Verbandsführer den zweiten Junkers-Verband. Der mußte auch Jagdschutz haben! Und da waren sie schon: Hoch über den Ju 52 wie ein Mückenschwarm. Kleine schwarze Punkte – die italienischen Cr-32.

Der russische Verband teilte sich und griff die Bomber in zwei Kolonnen an. Jetzt stießen die Heinkel-Jäger auf die „Chatos" herab. Dann erschienen die italienischen Maschinen mit röhrenden Motoren und stürzten sich ebenfalls auf die Russen.

Für diejenigen, die unten am Boden stehend das Schauspiel verfolgten, muß es wohl ein ziemlich verwirrender Anblick gewesen sein. Was der Luftkampf aber für den Jägerpiloten bedeutet, ist ungleich mehr: Ein Kampf mit rasenden Geschwindigkeiten und um Haaresbreite vermiedenen Zusammenstößen in der Luft. Wer nicht schnell genug reagiert, ist rettungslos verloren. Jäger sein – das war auch damals schon ein „Job" nur für die Schnellsten und Besten. Wer nicht überdurchschnittliche Fähigkeiten entwickelt, kann sich in dieser Elite nicht behaupten. Pausenloses Training schärft die Reaktion und die Reflexe. Starten, Fliegen, Landen, Kurvenkampf, Luft- und Bodenzielschießen wechseln mit Übungsluftkämpfen ab. Nur so erlernt der Jagdflieger sein gefährliches Gewerbe. Und auch nur bei den Übungskämpfen kann er aus Fehlern lernen – im Ernstfall dürfen sie ihm nicht mehr passieren, denn dann können sie ihn bereits das Leben kosten. Eine einzige falsche Entscheidung, ein zu langsames Reagieren, ein unsauber geflogenes Manöver – und schon ist alles vorbei!

Der junge Deutsche in der ersten Ju 52 sah den Russen rasend schnell auf sich zukommen. Kleine helle Flämmchen blitzten aus Rumpf und Tragflächen des Jägers: Der Gegner schoß. Wie er es daheim in der Ausbildung gelernt hatte, hielt der Mann im Bomber das eigene Feuer noch zurück: Abwarten und näherkommen lassen! Dann endlich – die erste lange Garbe. Sie fraß sich genau in den Motor des Russen. So sah es zumindest aus. In Wirklichkeit aber gingen die Kugeln unter dem Jäger ins Leere und ließen ihn unversehrt. Noch bevor der Deutsche weiterfeuern konnte, traf der Jäger die Junkers Ju 52 voll: Ein neuer Feuerstoß zerschmetterte die Kanzel der Ju 52, tötete den Piloten und traf dann die linke Flächenwurzel. Langsam riß die linke Tragfläche aus der Verankerung und die Maschine begann in die Tiefe zu trudeln. Nur der Bombenschütze kam noch rechtzeitig aus dem Flugzeug heraus. Obwohl er, aufgeregt wie er war, die Reißleine seines Fallschirms sofort nach dem Absprung zog, verfing sich der Schirm nicht im abstürzenden Flugzeug, sondern glitt sicher der Erde entgegen.

Noch aber war die Angst da. Als er den ersten betäubenden Schock überwunden hatte und hilflos am Schirm hängend dahinpendelte, hörte er wieder den Lärm des Luftkampfes und das wilde Knattern der Maschinengewehre. Und die „Roten", das wußte er, erschossen abstürzende Gegner am Fallschirm.

Gleiches wußten übrigens auch die „Roten" von den „Faschisten" zu berichten. So wollte es die Propaganda auf beiden Seiten, und man weiß auch, daß Derartiges sogar wirklich gelegentlich geschah – auf beiden Seiten gleichermaßen. Aber Walter Heinz, so hieß der Deutsche, hatte Glück. Keiner schoß ihn am Fallschirm tot. Und der Deutsche kam sogar hinter den eigenen Linien zu Boden. Er überlebte den Spanischen Bürgerkrieg und auch den Zweiten Weltkrieg. Wie gesagt – der junge Mann hatte Glück!

Mehr Glück sicherlich als viele seiner Kameraden, mit denen er drei Wochen zuvor auf das große Ferienschiff geklettert war. „Kraft durch Freude" hieß das damals in Deutschland – erholsame Schiffsreisen für die arbeitenden Volksgenossen. Aber diesmal machte der große Dampfer keine Ferienreise. Er fuhr direkt nach Spanien.

Und wenig später fanden sich Walter Heinz und seine Kameraden – meist in verräterisch unauffälliges „Räuberzivil" gekleidet – in Sevilla wieder, wo man die Deutschen als Helden begrüßte.

Der russische Jägerpilot, der den deutschen Bomber abgeschossen hatte, war ebenfalls per Schiff gekommen: Aus Leningrad direkt nach Barcelona. Auch ihn hatten sie gleich bei seiner Ankunft als Helden gefeiert. Was er seither gelernt hatte – den Abschuß der deutschen Ju 52 erzielte er während seines dritten Feindfluges in Spanien –, war mehr, als ihn die vielen Stunden am Steuer seiner Maschine bei Übungsflügen in Rußland gelehrt hatten.

Nach sechs Einsatzmonaten kehrte der russische Jagdflieger mit acht bestätigten Abschüssen in die Heimat zurück. Was er dann an der Fliegerschule den Nachwuchspiloten beibrachte, konnten diese wenig später sehr gut verwerten, als sie gegen die Deutschen im Rußland-Feldzug flogen. Aber diese wußten, worum es ging. Das hatten ihnen Leute wie Walter Heinz beigebracht, die die Roten ebenfalls schon aus Spanien kannten . . .

Während also der Deutsche dem sicheren Boden entgegenpendelte, ging über ihm der Luftkampf weiter. Zwei Junkers Ju 52 mit spanischen Besatzungen wurden abgeschossen und auch drei Heinkel He 51 kamen nicht vom Feindflug zurück. Die Italiener verloren zwei Fiats, die Russen drei Polikarpovs. Der Bomberverband aber flog weiter und griff republikanische Truppenmassierungen an. Es gab schwere Verluste, denn die Soldaten hatten sich entgegen den Befehlen nicht eingegraben. Was die Bomben verschonten, besorgten die He 51 mit ihren Maschinengewehren im Tiefeinsatz. Schon während des Rückfluges wurden die deutschen Jäger nochmals von der Polikarpov I-15 angegriffen. Obwohl die Deutschen einzeln und in Bodennähe flogen, erwischte es doch noch eine weitere He 51.

Wie so oft waren die Deutschen nach dem Einsatz alles andere als glücklich: Die He 51 war den Russenjägern eindeutig unterlegen. Wo blieben die neuen Messerschmitt-Jäger, die Oberst von Richthofen den Verbänden versprochen hatte? Worte, nur Worte – und die Jäger mußten weiterhin in den alten Doppeldeckern ihre Haut zu Markte tragen!

Der zweite gegen die Bomber gestartete republikanische Jägerverband schoß ebenfalls zwei Maschinen ab. Die Jäger hatten es leicht: Ihre Gegner waren Spanier, jeder mit weniger als 100 Flugstunden. Trotzdem aber verloren auch die „roten" Jäger zwei Maschinen. Ein amerikanischer Pilot, der eine der beiden Maschinen flog, überlebte, aber der zweite Flieger, ein Russe, starb beim Absturz. Ein Verlust, der den russischen Staffelkapitän schmerzte. Der Gefallene war nicht nur ein alter Fliegerkamerad seit den Tagen der Grundausbildung gewesen, sondern der Staffelkapitän hatte auch das unbestimmte Gefühl, daß die Russen selber schon sehr bald jeden einzelnen Jagdpiloten für einen weitaus größeren und entscheidenderen Kampf bitter nötig brauchen würden . . . Was der russische Offizier damals noch nicht wissen konnte, war, daß er den Spanischen Bürgerkrieg und auch den Zweiten Weltkrieg als hochdekorierter Fliegerheld der Sowjetunion überleben sollte.

Vielen der deutschen Jäger, mit denen er sich später am Himmel über der Ostfront herumschlug, war er wohl schon in Spanien begegnet, und viele von ihnen – und davon hatte der russische Staffelkapitän in Spanien ganz sicher nicht die geringste Ahnung – hatten ihr Geschäft in Rußland erlernt. Nicht nur in Rußland übrigens, sondern zum Teil vielleicht auch in Italien. Denn damals, im Jahre 1936, wußten überhaupt nur sehr wenige Auserwählte in Deutschland, wie die Luftwaffe wirklich entstand . . .

# Die Geburt der Luftwaffe

Im Laufe des Ersten Weltkrieges hatte sich in allen kriegführenden Nationen die Rolle des Flugzeuges entscheidend verändert; vom bloßen taktischen Spielzeug entwickelte es sich zu einer Waffe, mit deren Bedeutung man in Zukunft würde rechnen müssen. Die schnelle Entwicklung des Militärflugzeuges kam nach Kriegsende jedoch zunächst beinahe zum Stillstand. Es gab wichtigere Fragen und Probleme als die militärische Luftfahrt, und die Mittel waren bei allen Staaten, wie immer nach Abschluß eines Krieges, recht knapp. Die Entwicklung der Zivilluftfahrt ging allerdings weiter.

Man erkannte die Bedeutung des schnellen Transportes von Passagieren und Gütern auf dem Luftweg und förderte international alle diesbezüglichen Bestrebungen. Auch in Deutschland hatte es bereits vor Beginn des Ersten Weltkrieges Ansätze für eine zivile Luftfahrt gegeben, doch mußten nach dem unglücklichen Kriegsende alle Entwicklungen – sowohl die zivilen als auch die militärischen – aufgrund der Bestimmungen des Versailler Vertrages vollständig eingestellt werden.

Die deutsche Flugzeugindustrie wich teilweise ins Ausland aus, und erst ab dem Jahr 1922 wurde in Deutschland selbst die Konstruktion von Zivilflugzeugen wieder offiziell aufgenommen. Die bekanntesten deutschen Konstrukteure waren Heinkel, Dornier und Junkers, und neue Namen kamen hinzu: Willy Messerschmitt beispielsweise, ein junger Ingenieur. Er baute die M-17, einen kleinen zweisitzigen Eindecker, der später zum Stammvater des weltberühmten Jagdeinsitzers Messerschmitt Me Bf 109 werden sollte . . .

Im Jahr 1926 erhielt die „Deutsche Lufthansa" das staatliche zivile Luftlinienmonopol. Das Reich behielt sich dafür die Beteiligung von 37,5 Prozent an der Gesellschaft vor. Auf diese Weise wurde der staatliche Einfluß sichergestellt, und die „Lufthansa" konnte gleichzeitig als Ausbildungs- und Flugzentrum für eine später noch aufzubauende neue Luftwaffe verwendet werden. Auch viele Weltkriegsflieger hiel-

Professor Ernst Heinkel

Claudius Dornier

Hugo Junkers

Willy Messerschmitt

Hermann Göring im Gespräch mit Ernst Udet. Göring brachte als Reichsluftfahrtminister den Lufthelden des Ersten Weltkrieges in das neue Reichsluftfahrtministerium (RLM).

ten die alten Verbindungen aufrecht und nahmen auch im geheimen mit Dienststellen des Reiches neue Verbindungen auf, mit deren Hilfe man zusammen mit den „Alten Kameraden" durch ebenso verborgenes wie intensives Studium der internationalen Entwicklung der Militärluftfahrt auf dem laufenden zu bleiben versuchte. Man traf sich – entweder harmlos offiziell oder auch höchst inoffiziell – im Berliner „Flugverbandshaus" zu regelmäßigen Zusammenkünften. Auch für den Nachwuchs wurde gesorgt: Die jungen flugbegeisterten Leute kamen aus den vielen Segelfliegervereinigungen, die sich nach dem Ersten Weltkrieg in Deutschland bildeten.

Zwei Zeitschriften, „Die Luftwaffe" und die „Deutsche Wehr", brachten eigene Beiträge und Artikel aus ausländischen Magazinen in deutscher Übersetzung. Man versuchte – zumindest auf theoretischem Gebiet – den Anschluß an die internationale Entwicklung zu halten. Daß dies auch gelang, beweist die Tatsache, daß in dieser Zeit zumindest in zwei Fällen aus dem Englischen übersetzte Artikel neuerlich ins Englische zurückübersetzt und in Amerika veröffentlicht wurden, weil die Deutschen die Beiträge aufgrund ihres eigenen Wissensstandes stark verbessert wiedergegeben hatten.

Die „Seele" all dieser halboffiziellen und geheimen Flugbestrebungen in Deutschland war damals General Hans von Seeckt, Stabchef des Heeres.

Schon im Frühjahr 1920 nahm von Seeckt vorsichtige Kontakte mit dem sowjetrussischen Volkskommissar Leo Trotzki auf, dem damals das russische Kriegswesen unterstand. Was die beiden Männer in geduldigen Verhandlungen vorbereiteten, war eine „militärische Vernunftehe": Die Deutschen brauchten Ausbildungsstätten und Erprobungsplätze, und die Russen, die nach dem Ende des Ersten Weltkrieges beinahe ihr ganzes militärisches Flugpersonal und die zugehörigen Techniker verloren hatten, brauchten das deutsche Know-how, um ihre eigene Luftwaffe neu aufzubauen. Schon im Oktober 1922 trafen etwa 360 deutsche Techniker – 200 davon Fachleute auf dem Gebiet der Militärluftfahrt – in Rußland ein. Viele später sehr bekanntgewordene Namen finden sich hier: Student, Kesselring, Sperrle und Stumpff. Und was die Russen von Männern wie diesen lernten, sollten sie in den folgenden Jahren sehr gut gebrauchen können. Im Kampf gegen ihre eigenen Lehrmeister . . .

Aber nicht nur in Rußland wurde der Aufbau einer neuen deutschen Luftwaffe betrieben. Auch in Deutschland blieb man in der 100.000 Mann starken Reichswehr nicht untätig. Geschickt manövrierte General von Seeckt Männer seiner Wahl in die Führungspositionen der Reichswehr und sorgte gleichzeitig dafür, daß jene, die der neuen Entwicklung im Wege standen, verläßlich nicht Karriere machten.

Einer von Seeckts Männern war Erhard Milch. Milch kam von der Firma Junkers und sorgte in enger Zusammenarbeit mit der Reichswehr als kaufmännischer Direktor der Lufthansa dafür, daß die jungen Zivilflieger an den vier bestehenden Lufthansa-Schulen nicht nur das Fliegen erlernten, sondern auch Lufttaktik und den Bombenzielwurf. Wenn die Zeit reif war, sollte Deutschland wieder eine ausreichende Zahl von Militärfliegern haben.

Die technische Entwicklung aber verlief in der ersten Dekade nach dem Ende des Ersten Weltkrieges ziemlich langsam. In Großbritannien ging man in der „ten-year rule for Imperial Defence", in der man in den zwanziger Jahren die militärische Doktrin für die nächsten zehn Jahre festlegte, davon aus, daß eine große militärische Auseinandersetzung während dieser Zeit ausgeschlossen sei. Und dementsprechend mager waren auch die Geldmittel, mit denen die britische Luftwaffe ihr Auslangen finden sollte.

Worauf die Engländer bewußt verzichteten, wurde den Deutschen damals international aufgezwungen: Keine Entwicklung von neuen Militärflugzeugen! Im deutschen Reich aber tat man alles, um diese Beschränkungen zu umgehen. Man entwarf Zivilflugzeuge, denen jeder Fachmann sofort ihre eigentliche militärische Bestimmung ansah. Maschinen, die man in kürzester Zeit umrüsten und im Kriegsfalle verwenden konnte. Besonders die Firma Junkers, die sich von jeher auf die Konstruktion von Großflugzeugen verlegt hatte, war für solche Aufgaben hervorragend geeignet.

Schon im Jahr 1928 entstand der noch einmotorige Vorläufer der später zunächst als Behelfsbomber und dann als Transporter weltberühmt gewordene Junkers Ju 52. Im Oktober 1930 flog das erste Baumuster, und 18 Monate später war die Ju 52/3 m fertig, die dreimotorige „Tante Ju", die selbst heute noch nicht ganz vom Himmel verschwunden ist. Die ebenfalls als Junkers-Konstruktion in Schweden entstandene K 47 wurde allerdings nicht unter dieser Bezeichnung bekannt, sondern erst als Junkers Ju 87, als „Stuka", der der Welt das Fürchten vor der nationalsozialistischen Kriegsmaschinerie beibrachte.

Auch die Firma Heinkel versuchte schon damals den Anschluß zu behalten und produzierte eine Reihe von „Sport-" und „Zivilflugzeugen", an deren offenbar militärischer Bestimmung nicht gezweifelt werden konnte. Ende der zwanziger Jahre brachte Heinkel einige kleine „Sportmaschinen" heraus, aus denen in der Folge Jagdflugzeuge entstanden. In den Brüdern Siegfried und Walther Günter hatte Heinkel zwei ganz ausgezeichnete junge Konstrukteure gefunden, die sowohl die He 51, den Standardjäger der Legion Condor, entwarfen als auch die großartige He 70. Nicht zu Unrecht erhielt die He 70 später den Beinamen „Blitz": Es handelte sich um eine ausgezeichnete, aerodynamisch äußerst fortschrittlich konzipierte Maschine mit Einziehfahrwerk. Das erste Baumuster flog im Dezember 1932 nur knapp über sechs Monate nach Konstruktionsbeginn und stellte schon im darauffolgenden Jahr acht internationale Geschwindigkeitsrekorde auf. Von der Lufthansa wurde die He 70 als Schnellpassagier- und Postflugzeug in den Dienst gestellt. Es war ein höchst unzulänglicher Tarnungsversuch: Die Maschine besaß praktisch keinen Gepäckraum, und im Passagierraum mit seinen vier Sitzen herrschten Raumverhältnisse wie im Cockpit eines modernen Rennwagens.

Neben Heinkel und Junkers versuchte auch Dornier, ins Geschäft zu kommen. Die Firma Dornier, besonders auf die Konstruktion von Flugbooten spezialisiert, produzierte zunächst den zweimotorigen „Wal", der sich auch für militärische Zwecke recht gut verwenden ließ. Die mit in Lizenz in Deutschland erzeugten Motoren ausgerüstete „Do-F" war ein ebenfalls als Militärflugzeug ausgelegter Eindekker, den man offiziell als Transportflugzeug für die Deutsche Reichsbahn zu tarnen versuchte. Inoffiziell aber baute man bereits Kampfstände für Abwehrbewaffnung und Bombenrecke in die Maschine ein . . .

Sicherlich am bedeutendsten aber wurde die wegen ihres langen, schmalen Rumpfes als „Fliegender Bleistift" bezeichnete Dornier Do 17. Auch sie wurde ursprünglich von der Lufthansa als schnelles Frachtflugzeug mit zusätzlichen sechs Sitzen für den Passagiertransport in Dienst gestellt, bewährte sich aber, wie zu erwarten, in dieser Rolle nicht. Das RLM aber, das nach einem schnellen mittleren Kampfflugzeug suchte, griff zu und bestellte einige Prototypen. Und schon in Spanien erlebte die Do 17 ihre erste Feuerprobe bei den Bomberverbänden der Legion Condor.

Als die Nationalsozialisten in Deutschland an die Macht kamen, fand die deutsch-russische Zusammenarbeit auf dem fliegerischen Gebiet ein ziemlich jähes Ende. Aber das faschistische Italien half Hitler aus der Patsche. Mit Recht konnte Mussolini damals auf die „Regia Aeronautica", auf die „Königliche Luftwaffe", stolz sein: Zu Anfang der dreißiger Jahre verfügte Italien wahrscheinlich über die modernste und schlagkräftigste Luftwaffe der ganzen Welt.

Anders als bei den früheren illegalen Rußlandreisen verkleidete man

Sie machten Karriere: Erhard Milch *(links)*, er kam von Junkers und wurde kaufmännischer Direktor der „Deutschen Lufthansa", und Adolf Galland *(rechts)*.

diesmal die deutschen Flieger als junge Südtiroler. Wenn sie erst einmal in Italien waren, wurden sie in italienische Luftwaffen-Uniformen gesteckt – das war alles. Was damals zur Ausbildung nach Italien fuhr, waren entweder Lufthansa-Angehörige mit „Sonderurlaub" oder einfach junge Leute, die um jeden Preis fliegen wollten und dafür jedes Risiko auf sich nahmen. Später wurden aus ihnen dann die „Alten Hasen" der Luftwaffe.

Einer von ihnen war Adolf Galland. Als er damals nach Italien fuhr, war er gerade 19 Jahre alt . . . Was die jungen Deutschen damals in Italien lernten, begeisterte sie: Drei Monate lang flog jeder schnelle Maschinen und übte sich im Luftzielschießen. Weniger begeistert waren wahrscheinlich jene italienischen Soldaten, die im Graben kauerten und die Zielballons an den Winden hochließen. Wenn da einer von den tieffliegenden Piloten sein Geschäft nicht beherrschte . . . Madonna, was für ein Gewerbe!

Wer aus Italien nach Deutschland zurückkam, fand fast immer den Weg in die Luftwaffe. Und gerade von den „Italienfahrern" überlebten sehr viele den Zweiten Weltkrieg: Sie wurden schnell befördert, und als das Kriegsglück sich gegen die Deutschen wendete, saßen sehr viele von ihnen bereits in sicheren Staatsstellungen. Das war eine meist recht verläßliche „Lebensversicherung".

Im März 1935 schließlich stellte Hitler die deutsche Wehrhoheit wieder her. 36 Divisionen, in 12 Corps gegliedert, sollten so schnell wie möglich aufgestellt werden. Gleichzeitig wurde auch die neue deutsche Luftwaffe der staunenden Welt offiziell präsentiert: 20.000 Mann stark und schon damals mit einem Flugzeugbestand von 1888 Maschinen aller Art. Bald wurde auch eine Luftwaffen-Akademie geschaffen, die wichtige Luftnachrichtentruppe organisiert und gleichzeitig die Fliegerabwehr – anders in vielen anderen Ländern – dem Heer weggenommen und ebenfalls in die Luftwaffe integriert.

Natürlich war die Tatsache, daß Hitler durch einseitige Erklärung die Wehrhoheit des Reiches wiederhergestellt hatte, eine flagrante Verletzung des Versailler Vertrages. Das kümmerte den „Führer und Reichskanzler" aber offenbar wenig. Gerade die Wehrhoheit und die Wiedereinführung der Allgemeinen Wehrpflicht waren damals in Deutschland nationale Anliegen, und Hitlers diesbezüglichen Schritte wurden fast ausnahmslos von der ganzen Bevölkerung – auch von jenen, die den Nationalsozialisten nicht nahestanden – mit Stolz und Wohlgefallen begrüßt. Nun brauchte man auch keinen „Kommissarischen Beauftragten für die Luftfahrt" mehr, sondern es entstand das neue Reichsluftfahrtministerium mit Hermann Göring als Reichsluftfahrtminister an seiner Spitze Auch das wurde allgemein positiv aufgenommen: Göring war eine joviale, populäre Erscheinung und Weltkriegsheld dazu. Er war der letzte Kommandeur des berühmten Richthofen-Geschwaders (Jagdgeschwader 1) gewesen und trug den „Pour le Mérite", die höchste deutsche Tapferkeitsauszeichnung des Ersten Weltkrieges.

In seinem neuen Amt aber verfügte Göring über äußerst großzügige Budgetmittel und vor allem über beinahe unbeschränkte Machtvollkommenheit. Zunächst einmal wurden alle verschiedenen in Deutschland bestehenden Fliegerklubs zentral in einer Organisation zusammengefaßt. Damit hatte das Reichsluftfahrtministerium die Kontrolle in der Hand und konnte für die vormilitärische Ausbildung der Privatflieger sorgen. Und Flieger würde man bald schon viele brauchen, das war klar: Unter der Tarnbezeichnung „C-Amt" wurde im Reichsluftfahrtministerium eine eigene Abteilung geschaffen, die sich ausschließlich mit der Beschaffung und Auswahl von Maschinen für die Luftwaffe zu beschäftigen hatte.

Die Militärluftfahrt nahm in Deutschland von nun an einen gewaltigen Aufschwung. Der junge Professor Willy Messerschmitt baute einen neuen Jagdeinsitzer. Den Motor hatte er schon: den 610 PS starken „Jumo 210 A" von Junkers. Der Jumo 210 A war das damals leistungsstärkste Flugzeugaggregat, über das Deutschland verfügte. Die neue Maschine erhielt die Bezeichnung Bf 109 und hatte zunächst nur zwei Maschinengewehre als Bewaffnung. Schon die Bf 109 B aber, die während der letzten 18 Monate des Spanischen Bürgerkrieges an die Legion Condor geliefert wurde, hatte fünf Maschinengewehre und flog 470 kmh. Da kam kein anderer Jäger mit! Die Me Bf 109 wurde während des ganzen Zweiten Weltkrieges weitergebaut und weiterentwickelt und ist auch heute noch das meistproduzierte Flugzeug der gesamten Luftfahrtgeschichte.

Göring brauchte damals gute Männer, und viele von seinen alten Fliegerkameraden machten schnell Karriere: Erhard Milch wurde Staatssekretär für die Luftfahrt, General Walther Wever wurde der erste Stabchef der neuen Luftwaffe und General Stumpff übernahm das Personalamt. Ernst Udet aber, der populäre Kriegsheld des Ersten Weltkrieges, zeigte sich Görings Werben gegenüber zunächst recht spröde. Udet war berühmt – und das mit Recht: Im Alter von 19 Jahren war er 1915 zur Militärfliegerei gekommen und erwies sich bald als ausgesprochen begabter Jäger. Bei Kriegsende hatte er 62 Abschüsse auf seinem Konto. Nur der legendäre Manfred von Richthofen, der „Rote Baron", hatte mehr Gegner abgeschossen – aber Richthofen war tot. Udet interessierte sich nicht für Politik, und von Göring persönlich hielt er nicht das geringste. Was er wollte, ließ sich klar umschreiben: Fliegen! Nachdem ein kurzer Versuch, sich selbst als Flugzeugproduzent zu betätigen, gänzlich mißlungen war, zog Udet auch weiterhin als berühmter Schauflieger und „Luftakrobat" von Land zu Land.

Aber Göring gab nicht nach. Er umwarb Udet und machte ihm die lukrativsten Angebote. Am 27. September 1933 besuchte Udet den Versuchsflugplatz der damaligen Curtiss-Wright-Werke in Buffalo. Was den Deutschen interessierte, war der „Hell Driver", eine neue, voll sturzflugfähige Maschine, welche der amerikanische Hersteller damals produzierte. Udet hatte alle Vollmachten. Er sollte die Maschine testen. Wenn er sie für gut befand, so hatte ihn Göring wissen lassen, würde man sie für die Luftwaffe ankaufen. Udet flog die Maschine, und sie übertraf alle seine Erwartungen. Sie hielt auch den stärksten Sturzflug durch. Und als Udet steil auf einen der Hangars zustürzte, kam ihm die Idee. Wenn der Hangar nun ein Schiff wäre und die Maschine eine Bombe unter dem Rumpf hätte . . . Man könnte auf diese Weise aus einer schützenden Wolkendecke heraus etwa ein Schiff direkt im Sturzflug angreifen, ihm eine Bombe aufs Deck setzen und wieder verschwinden, bevor die da unten überhaupt begriffen, was eigentlich geschehen war. Natürlich, die Amerikaner wußten das ja auch und würden niemals eine Exporterlaubnis für den „Hell Driver" geben. Aber immerhin – man konnte es ja einmal versuchen.

Udet landete. Die Curtiss-Leute erwarteten ihn schon. „Also gut, ich kaufe die Maschine." Der Deutsche versuchte, möglichst gleichgültig zu klingen. „Nur die eine, Mr. Udet?" Ein gelungener Scherz, dachte Udet. Oder etwa doch nicht? „Nun ja, 15.000 Dollar sind schon eine Menge Geld! Aber eine kaufe ich wirklich." Die Amerikaner waren jetzt wirklich überrascht: „Aber Mr. Udet, es sind doch schon 30.000 Dollar auf Ihr Konto angewiesen worden!" Das war Görings Werk. Udet kaufte die Maschinen.

Mit der Exportgenehmigung gab es nicht die geringsten Schwierigkeiten, und schon drei Monate später führte Udet den „Hell Driver" einer Kommission des Reichsluftfahrtministeriums vor. Viermal ließ er die Maschine in beinahe vertikalem Sturzflug bis knapp über den Boden herabrasen, zog dann jäh wieder hoch und flog mit Höchstgeschwindigkeit ab. Was für ein Flugzeug! Als Udet nach der Demonstration endlich wieder landete, war er so erschöpft, daß er minutenlang in der Maschine sitzenbleiben mußte. Das gab den Ausschlag: Erhard Milch entschied, daß es für den Sturzbomber in Deutschland keine Zukunft geben sollte. Wenn die Flugmanöver einen Mann wie Ernst Udet derart erschöpften – was sollte die Maschine dann in der Hand eines Durchschnittsfliegers?

Milch konnte nicht alleine entscheiden, aber er fand Unterstützung bei Major Wolfram Freiherr von Richthofen. Der Major war nicht nur ein Cousin des weltberühmten „Roten Kampffliegers", sondern im Reichsluftfahrtministerium auch für die Entwicklungsabteilung des Technischen Amtes verantwortlich. Richthofen war der Meinung, daß jedes Flugzeug, das längere Zeit unter einer Höhe von 1800 m fliegt, der feindlichen Bodenabwehr notwendig zum Opfer fallen müsse. Und ein Sturzkampfflugzeug, das sogar bis auf 900 m herabkommen müßte – unmöglich! Völlig aussichtslos! Richthofens Vorgesetzter, General Wever, war da allerdings etwas anderer Meinung. Wever hatte schon den Einsatz der K 47, welche die Junkers-Werke in Schweden für die dortigen Luftstreitkräfte im Jahr 1928 gebaut hatten, mit großem Interesse verfolgt. Und auch jetzt sorgte General Wever dafür, daß die Idee des Sturzkampfflugzeuges nicht einfach zu den Akten gelegt wurde.

Auch Udet ließ die Stuka-Idee nicht mehr los. Er ließ sich von Göring überreden, trat endlich in die Luftwaffe ein und übernahm als

Oberst das „Technische Amt". Dort, so hoffte er, würde er sich entscheidend für das Sturzkampfflugzeug einsetzen können. Seine Vermutung erwies sich als richtig. Udets Vorgänger im Amt, Wolfram von Richthofen, hatte befohlen, daß jede weitere Entwicklung der Ju 87 einzustellen sei. Udet widerrief die Anordnung und ließ die Junkers-Werke weiter am Sturzbomber arbeiten. Und schon in Spanien zeigte der „Stuka", was er konnte. Mit ihren tödlichen präzisen Punktangriffen auf taktische Ziele revolutionierte die Ju 87 die Luftkriegführung nicht nur in Spanien, sondern ein wenig später auch in ganz Europa.

# Gewaltsame Lösung

Wahrscheinlich wußten nur wenige von den fremden Fliegern, die einander am Himmel über Spanien bekämpften, worum es eigentlich wirklich im Bürgerkrieg ging. Das ist nicht weiter verwunderlich, denn im Jahr 1936 war die politische Situation in diesem Land so kompliziert, daß sie wirklich nur denjenigen klar war, die alle Angelegenheiten ausschließlich nach dem Standpunkt ihrer eigenen politischen Doktrin betrachteten.

Den deutschen und italienischen Soldaten erklärte man, daß sie gegen das weitere Vordringen des Bolschewismus ins Feld zögen. „Ohne allen Einsatz", so erklärte man ihnen, „ist Spanien morgen rot!" Warum sich die deutschen und italienischen Flieger nach Spanien meldeten oder zumindest nicht versuchten, einer Kommandierung zu entgehen, hatte meist ganz andere Ursachen. Man war jung und aktiv und man flog gerne. Und man wollte in der Praxis ausprobieren, was man daheim in der Theorie gelernt hatte. Außerdem: es gab Auslandszulagen, Spanien war ein schönes Land im sonnigen Süden, und die Spanierinnen sollten dem Vernehmen nach recht hübsch sein. Und vielleicht auch recht dankbar, wenn man sie vor den Gefahren des Bolschewismus errettete. Mit den Beförderungen ging es auch recht schnell in Spanien und überhaupt – der nächste Krieg stand vielleicht sowieso bald bevor. Es konnte nur von Vorteil sein, wenn man in Übung blieb.

Die „Profis von der anderen Feldpostnummer", die Russen, dachten wahrscheinlich nicht anders. Nur bekämpften sie selbstverständlich nicht den Bolschewismus, sondern den Faschismus.

In der Geschichtsschreibung sieht dies alles klar und einfach aus, da sind die Fronten übersichtlich. Das liegt allerdings meist daran, daß die Historiker immer erst dann auf die Bühne treten, wenn die eigentlichen Akteure diese bereits verlassen haben. Der Pulverdampf hat sich verzogen, und man klärt und analysiert. Die Wirklichkeit ist allerdings meist anders. Wer auf dem Schlachtfeld tötet, tut dies meist nicht aus

Ausländische Soldaten auf seiten Francos: Deutsche *(oben)* und Italiener *(unten)*.

Überzeugung, sondern fast immer mehr durch Zufall. Der Soldat wird in eine Situation gestoßen, in der er so vielen Zufälligkeiten, Gefahren und Zwischenfällen ausgesetzt ist, daß seine Entscheidungsmöglichkeiten weitestgehend eingeschränkt sind. Und auch wofür er letztlich kämpft, ist oft genug purer Zufall. Gerade die letzte Tatsache traf im Bürgerkrieg für sehr viele Spanier zu. Wer jung und waffenfähig war, zog für jene Seite in den Krieg, in deren Machtbereich sein Heimatdorf gerade lag. Die Wahlmöglichkeiten waren beschränkt: Entweder man zog die Uniform an und ging mit der Hoffnung in den Krieg, ihn am Ende zu überleben, oder man zog die Uniform nicht an. Dann wurde man auf jeden Fall erschossen.

Während man durch solche Methoden die Wehrbereitschaft der „Amateure" sprunghaft erhöhte, zogen die Berufssoldaten, die „Profis", in den Krieg, weil das eben ihr Handwerk war. Zu dieser Gruppe zählten auch die meisten ausländischen Mitwirkenden an der spanischen Tragödie: Die Deutschen, die Italiener und die marokkanischen Soldaten, die „Moros", auf seiten der Nationalisten und die Russen auf seiten der Republik. Dann gab es noch die deutschen und italienischen Freiwilligen, welche für die republikanische Seite kämpften. Das waren jene Leute, die mit den totalitären Regimen in ihren Heimatländern nicht einverstanden waren und sich bemühten, aktiv etwas dagegen zu tun. Die „Internationale Brigade", die Freiwilligen aus über 50 Ländern der Welt, war eine rein kommunistische Angelegenheit, die von Moskau aus organisiert wurde. Was diejenigen, die in aller Welt die Werbetrommel für die „Internationalen" rührten, zu ihrem Handeln veranlaßte, war die Furcht vor einem neuen faschistischen Staat in Europa. Die Angehörigen der Internationalen Brigade waren aber wohl nur zum geringsten Teil kommunistische Parteimitglieder. Was sie verband, war ihre politische Zuneigung zur Linken, sicherlich Abenteuerlust und der Wunsch nach Bewährung und Anerkennung. Oder man ging einfach nach Spanien, weil sich auch ein Freund dorthin gemeldet hatte. Oder man suchte einfach irgendeine Beschäftigung, weil man daheim arbeitslos war . . .

Manche gingen auch wirklich der Sache wegen nach Spanien. Männer wie die beiden jungen Engländer Peter Kemp und Noel Fitzpatrick. Sie kämpften aus Überzeugung für die Republik wie etwa auch der amerikanische Neger Oliver Law und der englische Musiker George Green. Sie kamen und blieben: In spanischer Erde. Aber sie taten es immerhin aus echter Überzeugung. Wirkliche Idealisten waren selten. Der Spanische Bürgerkrieg war kein Kampf zwischen Gut und Böse, kein Ringen von Lichtgestalten gegen Untermenschen.

*Oben:* Infanteristen aus Spanisch-Marokko, die „Moros", kämpften für die Nationalisten.
*Unten:* Mangelhafte Ausrüstung wurde durch Begeisterung ersetzt. Republikanische Freiwillige auf dem Weg zur Front, auch Frauen sind unter ihnen.

Ich darf das vielleicht sagen, denn ich war damals dabei: Bald nach Ausbruch des Krieges meldete ich mich als Jägerpilot für die Republikaner. Die Gründe dafür waren recht vielfältig. Zunächst einmal hatte ich einen Bericht von Bruno Mussolini gelesen, der die „Schönheit der unter den abessinischen Eingeborenen explodierenden Bomben" beschrieb. Bruno Mussolini war Flieger und der Sohn des italienischen Duce. Jetzt flog er für die Nationalisten im Bürgerkrieg. Ich wäre ihm gerne einmal in der Luft begegnet . . .

Und auch, daß Hitler die Nationalisten unterstützte, nahm mich damals für die Republikaner ein. Von Politik verstand ich wenig genug. Aber was ich wußte, genügte mir als Motiv. Außerdem stand ich gerade ohne Job da: Aus der RAF war ich wegen wiederholten Tieffliegens und wegen mangelnder Disziplin gefeuert worden, und Geld hatte ich auch nicht mehr. Ich war zwanzig und Flieger mit Leib und Seele. Also meldete ich mich bei der Britischen Kommunistischen Partei. Und als ich angenommen wurde, war ich heilfroh. Zwanzig Pfund die Woche und nochmals tausend für die nächsten Angehörigen, falls ich fallen sollte. Was wollte ich mehr? Und dazu noch südliche Sonne, spanischer Wein und feurige Señoritas. Das zog bei mir wahrscheinlich ebenso wie bei den „Kollegen" von der deutschen Legion Condor. Als ich schließlich in Spanien ankam, fand ich bald heraus, daß auch die meisten anderen Freiwilligen aus ganz ähnlichen Motiven gekommen waren. Von Geschichte und Politik verstanden die meisten genauso wenig wie ich.

Heute glaube ich, daß ich – allerdings sicher mehr durch Zufall als aus politischem Instinkt – damals die richtige Seite gewählt habe. Aber ich bin auch überzeugt davon, daß Edelmut und Heldentum, Verrat und Feigheit über alle Parteien ziemlich gleichmäßig verteilt waren. So lagen die Dinge damals in Spanien, und so liegen sie wohl in jedem Krieg seit Anbeginn der Geschichte. Deshalb bezeichne ich auch jene, die für die legitime spanische Regierung kämpften, als „Republikaner" und jene, die gegen sie auftraten, als „Nationalisten". Wer will, mag diese Ausdrücke durch Begriffe wie „Kommunisten" oder „Rote" für die eine Seite und durch Namen wie „Aufständische", „Rebellen" oder „Faschisten" für die andere ersetzen. Das ist eine Frage des Geschmacks und der politischen Einstellung.

Die Republik, gegen die sich die Nationalisten damals erhoben, hatte keine sehr lange Geschichte. Sie war fünf Jahre alt. Aber damit war sie immerhin dreimal älter als die erste spanische Republik, die es sechzig Jahre zuvor gegeben hatte. In der Zeit von 1931 bis 1936 hatte es in Spanien zweimal allgemeine Wahlen und 28 verschiedene Kabinette gegeben. Zunächst gab es sozialistische Koalitionsregierungen, in denen zwar die Minister mit atemberaubender und verwirrender Geschwindigkeit wechselten, die aber immerhin so viel politischen Weitblick aufbrachten, daß sie ihre eigenen linksextremen politischen Gruppierungen von der staatlichen Macht konsequent ausschlossen. Dennoch aber setzten sich die Sozialisten nicht durch, und 1933 kam es im Land zu einem entscheidenden Rechtsruck. Nun versuchten die Rechten und die Zentrumsparteien, dem Land einige politische Stabilität zu verleihen, aber auch sie blieben letzten Endes ohne Erfolg.

Wieder wechselten die Minister und die Kabinette in gewohnt rascher Folge, aber auch die Rechtsparteien hielten sich an das Rezept, das schon ihre „linken Kollegen" als wirksam und nützlich befunden hatten. Nach den Anarchisten und Kommunisten, die man zur Zeit der Linksregierungen verfolgt hatte – so wurden etwa 100 politische Extremisten ohne ordentliches Gerichtsverfahren einmal einfach nach Spanisch-Guinea abgeschoben –, waren nun die rechten Extremisten an der Reihe. Dazu zählten besonders jene, die sich entweder für die Restaurierung der Monarchie unter Alfons XIII. einsetzten oder eine Diktatur nach dem Vorbild des schon unter Primo de Rivera bestandenen Staatswesens anstrebten.

Aber es war keine gute Zeit für gemäßigte Politiker. Die Radikalen drängten zur Macht – und Schießen war allemal einfacher als Verhandeln. Im Oktober 1935 kam es auf der politischen Bühne Spaniens zu einem entscheidenden Wandel: Auf Geheiß der Moskauer Zentrale bildete die Spanische Kommunistische Partei mit den anderen Linksparteien des Landes einen gemeinsamen Block, die sogenannte „Volksfront". Diese „Volksfront" umfaßte Kommunisten, Anarchisten, Syndikalisten, verschiedene sozialistische Gruppen und ferner die katalanischen, galizischen und die baskischen Separatistenparteien. Dieses Sammelbecken der Linken sollte nun bei den nächsten allgemeinen Wahlen im Februar 1936 dem Rechtsblock geeint entgegentreten. Der Rechtsblock bestand im wesentlichen aus den Monarchisten und aus einer kleineren Fraktion, in der sich alle faschistischen Gruppierungen ihrerseits in einem Wahlbündnis zusammenfanden.

Die Wahlen selbst endeten mit einem knappen Erfolg für die Linksparteien: Von insgesamt 9.250.000 Millionen abgegebenen gültigen Stimmen erhielt die Volksfront 4.750.000 Millionen. Die Mechanismen der Wahlordnung führten jedoch in den Cortes, dem spanischen Parlament, zu einer Verteilung der Sitze, die dem Wahlergebnis nicht entsprach. Die „Volksfront" erhielt 267 Parlamentssitze, während sich die nur knapp geschlagenen Rechten mit bloß 132 Mandaten zufriedengeben mußten. Da die Stimmen etwa nur für die „Volksfront" als Ganzes abgegeben werden konnten, war nicht feststellbar, wie die Linksparteien im einzelnen jeweils abgeschnitten hatten. Das begünstigte die Kommunisten ungemein. Aufgrund der Wahlvereinbarungen enthielten sie in den Cortes 16 Sitze, ein Ergebnis, das sie bei einer selbständigen Kandidatur wohl niemals erreicht hätten. Denn noch im März 1936 besaß die Partei in ganz Spanien nicht mehr als etwa 3000 eingeschriebene Mitglieder. Dementsprechend hatten die Kommunisten bei der letzten vorhergegangenen Parlamentswahl auch nur einen Parlamentssitz errungen. Ähnlich war es der JONS ergangen, der faschistischen Wahlgemeinschaft, die bei den Wahlen vor dem März 1936 auch nicht mehr als einen Sitz in den Cortes erobern konnten. Besonders in Madrid, wo es insgesamt 180.000 Rechtswähler gegeben hatte, konnten die Faschisten nicht mehr als 5000 Stimmen auf sich vereinigen.

Aber dennoch hatten extreme Linke und Rechte ihre Chance: Wenn sich auch die aus den Parlamentswahlen des Jahres 1936 hervorgehende Regierung der Lage im Lande nicht gewachsen zeigen sollte, konnte ihre Stunde sehr schnell kommen. Und sie kam tatsächlich.

Noch bevor die Stimmenergebnisse der Februar-Wahlen 1936 vollständig ausgezählt waren, begann eine Terrorwelle das Land zu überfluten und steigerte sich in den darauffolgenden fünf Monaten in beinahe unerträglicher Weise. Extreme Rechte und Linke trachteten einander nach dem Leben und zerstörten enorme Sachwerte, während einander in den Cortes Regierungsabgeordnete und Oppositionelle ebenso hitzige wie ergebnislose Rededuelle lieferten.

Der „Mann auf der Straße" aber begann nach der „gewaltsamen Lösung" zu rufen. Das war die richtige Atmosphäre für die Kommunisten und für die „Falangisten", wie sich die extremen Rechten bezeichneten. Ihre Mitgliederzahlen wuchsen in dieser Zeit schlagartig an. Die Falange war nach Art einer Geheimorganisation in kleinen Zellen organisiert, und erst nach Ausbruch des Bürgerkrieges wurde erstmals eine Liste aller ihrer Mitglieder veröffentlicht. Wer nicht für sie war, wurde als Gegner betrachtet: Da waren zunächst die anderen Rechtsparteien, die den Falangisten nicht radikal genug waren. Man schlug ihnen die Fenster ein, verwüstete die Parteilokale und sprengte die Versammlung mit Sprechchören, verdorbenem Obst und faulen Eiern. Das alles aber war noch vergleichsweise harmlos gegen die Wut, mit der sich die Falange gegen die Linken wendete: Massenprügeleien und politische Morde zählten zu den Alltäglichkeiten der politischen Szene. Wer als Journalist über den Terror berichtete, wurde ebenso

Ein amerikanisches Kontingent der „Internationalen Brigade".

umgebracht wie jene Richter, welche in Strafprozessen gegen die Falangisten zu entscheiden wagten. Es war die große Zeit der „Pistoleros", der gedungenen Mörder, die gegen Bezahlung töteten. Ihre Auftraggeber kamen sowohl von links als auch von rechts: Hauptsache, die Kasse stimmte! Wenn aus einem fahrenden Auto heraus plötzlich mit Maschinengewehren geschossen wurde, so war das in Madrid und in anderen Städten des Landes in den ersten Monaten des Jahres 1936 nichts Besonderes. Der Terror war buchstäblich an der Tagesordnung, und die Falangisten versuchten, ihn zu steigern, wo immer es ihnen nur möglich war. Denn nur der Terror konnte sie an die Macht bringen. Die Bevölkerung mußte so vollständig von der Ohnmacht der Regierung überzeugt werden, daß sie nach dem „starken Mann" rief, der wieder Ordnung ins Land brachte. Auch die extreme Linke verfolgte die gleiche Politik. Auch sie hoffte, durch das Chaos an die Macht zu gelangen.

Auf diese Art und Weise brachen in Spanien im Laufe des ersten Halbjahres 1936 Recht und öffentliche Ordnung fast vollständig zusammen. Die extremen rechten Gruppen wurden von Calvo Sotelo zusammengehalten und angeführt. Sotelo, der im Regime von Primo de Rivera Finanzminister gewesen war, kehrte nach den Volksfrontwahlen des Jahres 1936 aus dem Exil nach Spanien zurück und schürte die Feindseligkeiten in jeder nur erdenklichen Weise. Sein Ziel war der offene Bürgerkrieg. Dieses Ziel erreichte er tatsächlich, wenn auch etwas anders, als er es sich vorgestellt haben mochte: Seine Ermordung durch extreme Sozialisten war schließlich das Signal für den offenen Ausbruch der Feindseligkeiten.

Am 16. Juni 1936 stellte Gil Robles, der junge Parteichef der CEDA, in einer Rede vor den Cortes fest, daß Spanien in der Anarchie versinke. Die CEDA, die spanische katholische Partei, war damals die Majoritätspartei der Rechten. Robles zählte dann zum Beweis für seine Behauptung auf, was sich in den vier Monaten seit den Februarwahlen in Spanien ereignet hatte: 269 politische Morde und 1287 schwere Körperverletzungen. 69 Parteilokale waren verwüstet worden, 169 Kirchen in Brand gesteckt. 10 Zeitungsredaktionen waren angegriffen worden, und 113mal hatte es in dieser kurzen Zeit Generalstreiks gegeben. Und die Regierung, so fügte Robles hinzu, sei offenbar weder willens noch fähig, Ordnung in diese Zustände zu bringen. Was der Redner allerdings bewußt verschwieg, war die Tatsache, daß die Falange an vielen dieser Gewalttaten beteiligt war. Für Robles stand fest, daß all das ausschließlich das Werk der Kommunisten und Anarchisten war, um im Land endlich eine rote Diktatur zu etablieren.

An die Macht wollten tatsächlich sehr viele in Spanien. Da war zum Beispiel Large Caballero, der ehrgeizige Anführer der Sozialisten. Man nannte ihn den ,,spanischen Lenin", und er machte seinem Beinamen alle Ehre. Caballero erklärte öffentlich, man werde jetzt einfach abwarten, bis die Republikaner ihre Ohnmacht vollständig bewiesen hätten, und dann selbst die Macht im Staate übernehmen. Weniger lautstark, aber ebenso entschlossen war Fal Condé. Condé war der Anführer der Carlisten, einer Partei, die für die Restauration der Monarchie, allerdings nicht unter Alfons XIII., sondern unter einer anderen Herrscherdynastie eintrat. Die Carlisten unterhielten in den Berggegenden von Navarra eine eigene Miliz und bereiteten sich dort auf die Machtübernahme vor. Im scharfen Gegensatz zu den Carlisten stand eine ebenfalls monarchistische Gruppierung unter Antonio Goicoechea, der sich für die Rückkehr des 1931 abgedankten Königs Alfons XIII. einsetzte. Noch im September 1937 erklärte Goicoechea öffentlich und voller Stolz, man werde mit Unterstützung der Armee oder – wenn nötig – sogar durch einen Bürgerkrieg Spanien wieder zu einer Monarchie machen und den König ins Land zurückrufen. Goicoechea war zuvor in Italien gewesen und hatte sich für seine Pläne der Unterstützung Benito Mussolinis versichert.

Primo de Rivera                    Calvo Sotelo

Gefährlicher und entschlossener als alle diese Gruppen aber war eine kleine Gemeinschaft, die sich als UME, als „Union Militar Espanol" bezeichnete und die Ordnung und Disziplin in Spanien mit Hilfe einer rechten Militärdiktatur wiederherstellen wollte. Unter den aktiven Offizieren fand die UME verhältnismäßig wenig Unterstützung. Während vielleicht nicht mehr als etwa 15 Prozent der Aktiven mit dieser Gruppe sympathisierten, hatte sie unter den im Ruhestand befindlichen Offizieren ungleich mehr Anklang. Einer der wichtigsten Exponenten der UME war General Sanjurjo, der bereits einmal einen allerdings fehlgeschlagenen Staatsstreich inszeniert hatte und im Jahre 1936 – nach Verbüßung eines Teiles seiner Strafe amnestiert – in Portugal im Exil lebte. In Spanien stand Brigadegeneral Mola an der Spitze der Offiziersvereinigung. Mola war von den Kanarischen Inseln in die Heimat zurückgekehrt und war 1936 Militärbefehlshaber der Provinz Navarra. Vor den Februarwahlen 1936, für die sich die Rechten einen sicheren Sieg ausrechneten, waren General Sanjurjo und José Primo de Rivera, der Sohn des spanischen Ex-Diktators und Anführer der Falange, gemeinsam nach Deutschland gereist. In Berlin stiegen die beiden Männer im Hotel „Kaiserhof" ab – dem bevorzugten Haus von Staatsgästen des Deutschen Reiches – und trafen dort unter anderem mit Oberst Juan Beigbeder, dem Militärattaché der spanischen Botschaft in Deutschland, zusammen; Beigbeder war Mitglied der UME und führend an den politischen Umsturzplänen in Spanien beteiligt. Der Attaché vermittelte eine Zusammenkunft mit Admiral Canaris, dem Chef der deutschen militärischen Abwehr. Dieser wieder organisierte für die Spanier eine Reihe von Besuchen in deutschen Waffenfabriken, wo sich die spanischen Gäste höchst interessiert zeigten.

Nachdem General Sanjurjo nach Spanien zurückgekehrt war, konnte er seinen Kameraden in der UME mitteilen, daß man jedenfalls mit der Lieferung von deutschen Waffen rechnen könnte und – falls ein möglicher Staatsstreich erfolgreich verliefe – auch mit weiterer technischer Unterstützung.

Zunächst aber blieb man noch bescheiden. Etwa in der Zeit von April bis Anfang Mai 1936 wurden allerdings bereits einige tausend deutsche Maschinengewehre nach Spanien geschmuggelt. Über diese illegalen Waffenlieferungen war man sich offenbar bereits vor den Februarwahlen 1936 einig geworden, und man geht daher wahrscheinlich nicht fehl in der Annahme, daß noch zur Zeit der Mitte-Rechts-Koalition ein Staatsstreich im Gespräch war, unabhängig davon, welche Ergebnisse die Parlamentswahlen bringen würden.

Die Kontaktaufnahme zwischen Spanien und Hitler-Deutschland war im übrigen keineswegs ein historischer Zufall, sondern zumindest zum Teil das Ergebnis gewisser, schon seit langer Zeit bestehender gemeinsamer Interessen. Was die beiden Länder schon oft eine gewisse Annäherung aneinander suchen ließ, war ihr gemeinsames Mißtrauen Frankreich gegenüber. Und wenn sich Frankreich mit einem dieser Länder verbündete, konnte das andere unter Umständen isoliert und gefährdet werden. Schon während des Ersten Weltkrieges zeigte das deutsche Kaiserreich lebhaftes Interesse an einem Kriegseintritt Spaniens auf seiten der Mittelmächte. Man bot den Spaniern Portugal und Gibraltar als mögliche Kriegsbeute an, aber der Handel kam nicht zustande. Auch nach dem Ersten Weltkrieg waren Deutsche in führenden Positionen an der Entwicklung von Handel und Industrie in Spanien beteiligt. Und auch die Nationalsozialisten erkannten die politische Bedeutung der Iberischen Halbinsel lange bevor sie an die Macht gelangt waren. Eine Rechtsregierung in Madrid, so kalkulierten sie ganz richtig, konnte für ein nationalsozialistisches deutsches Reich durchaus von Vorteil sein. In Spanien lebten damals 13.000 bis 14.000 Deutsche, unter denen die Nationalsozialisten sehr eifrig und nicht ohne Erfolg Propaganda trieben. Nach der Machtübernahme im Reich wurden auch in Spanien etwa 50 Dienststellen der „Deutschen Arbeitsfront" eröffnet, die über großzügige Geldmittel verfügen

Gil Robles

*Rechts oben:* Antonio Goicoechea
*Rechts Mitte:* General Sanjurjo
*Rechts unten:* José Primo de
Rivera, der Sohn des ehemaligen
Diktators.

Emilio Mola

41

Admiral Canaris

Francisco Franco

konnten. Selbstverständlich näherten sich die Nationalsozialisten besonders der Falange weitgehend an und unterstützten die spanischen „Verwandten" mit über drei Millionen Peseten jährlich. Nach den Wahlen des Jahres 1936 kamen auch reichlich Handfeuerwaffen und Munition ins Land.

In dieser Zeit versuchte man ernsthaft, eine enge historische Verwandtschaft zwischen Spanien und Deutschland zu konstruieren. So erschien in der offiziellen deutschen Kolonialzeitschrift ein auch ins Spanische übersetzter Beitrag, in dem es unter anderm hieß: „Spanien ist ein Land, mit dem wir Deutsche uns besonders verbunden fühlen. Deutscher Charakter und schöpferische Kraft haben manchen Teilen der Iberischen Halbinsel deutlich erkennbare Merkmale aufgeprägt. Seit den Tagen der Gotenzüge und der Errichtung des westgotischen Vandalenreiches in Spanien hat dieses Land sehr viele Deutsche gesehen, die Paläste und Kirchen Spaniens legen beredtes Zeugnis ab von deutscher künstlerischer Schöpferkraft . . . Deutsche Gelehrte waren es, welche die spanischen Entdecker auf ihren Fahrten begleiteten, deutsche Bergleute erschlossen den Reichtum des Bodens von Spanien . . ." Das war nicht ganz falsch, aber sicherlich stark übertrieben. Die meisten Spanier mußten Derartiges als Taktlosigkeit empfinden, insbesondere wohl deshalb, weil auch spanische Zeitungen solche Beiträge aufgrund deutscher Intervention abdruckten. Die Männer der UME aber nahmen die deutschen Annäherungsversuche nicht ungern zur Kenntnis. Wenn die Deutschen ihre Hilfe anboten – warum nicht? Es gab keine Gründe, sie auszuschlagen.

Das genaue Ausmaß der deutschen Unterstützung für die Nationalisten wurde damals und auch später selbstverständlich geheimgehalten. Als die Amerikaner aber im Jahr 1945 Hunderte Tonnen Aktenmaterial aus dem deutschen Außenamt sicherstellten, kam einiges an den Tag, und die deutsch-spanischen Kontakte lassen sich aufgrund verschiedener aufgefundener Dokumente recht genau rekonstruieren. Abgesehen von einigen halbprivaten Deutschlandbesuchen – wie etwa die bereits beschriebene Reise von General Sanjurjo – nahm die deutsche Reichsregierung wenig Anteil an den Planungen und Vorbereitungen des späteren Staatsstreiches. Die deutsche Aktivität in Spanien beschränkte sich im wesentlichen auf die politische Kontrolle und Überwachung der im Lande ansässigen Volksgenossen. Man wollte Bescheid wissen und keine Überraschung erleben – selbst der deutsche Botschafter und das gesamte deutsche diplomatische Personal wurden auf ihre nationalsozialistische Gesinnung ständig überwacht. Daß man nebenher auch den fortschreitenden Zusammenbruch der Staatsgewalt in Spanien registrierte, war natürlich selbstverständlich. Man erwartete deutscherseits schon bald nach den Wahlen im Jahre 1936 einen Staatsstreich von rechts.

1936 gab es in Spanien insgesamt acht Heeresdivisionen, jede unter dem Befehl eines Divisionsgenerals. Daneben gab es noch eine Kavalleriedivision und drei Gebirgsbrigaden. Die im spanischen Mutterland stehenden Truppen waren ungenügend ausgebildet und nur mangelhaft ausgerüstet. Auch im Sold blieben sie weit hinter den beiden Divisionen zurück, die damals die „Armee von Afrika" bildeten. Die in Afrika befindlichen Divisionen waren außerdem wesentlich besser ausgerüstet. Ihr Material, ihre Beweglichkeit und ihr hoher Ausbildungsstand ermöglichten der „Armee von Afrika" jederzeit direkten und erfolgversprechenden militärischen Einsatz. Von den acht Divisionsgeneralen im Mutterland waren nur zwei an den Vorbereitungen für den bevorstehenden Staatsstreich beteiligt, und zwar die Generale Villegas und Cabanellas, welche die Erste Division in Madrid bzw. die Fünfte Division in Saragossa kommandierten. Der Rest der Divisionskommandeure – darunter vor allem auch General Gomez Morato, der Chef der „Armee von Afrika" – war der Regierung gegenüber loyal eingestellt.

Die nach den Februar-Wahlen 1936 ins Amt berufene Regierung versuchte zunächst einmal, die Armee zu säubern. Offiziere, deren Loyalität zweifelhaft war, wurden entweder vorzeitig pensioniert oder in Garnisonen außerhalb des Mutterlandes versetzt. Zu den letzteren gehörte auch General Francisco Franco, der das Militärkommando der Kanarischen Inseln übernehmen mußte. Diese vorbeugende Maßnahme traf den General damals zu Unrecht: Zur Zeit seiner Versetzung gehörte er noch nicht zum Kreis der Offiziersverschwörer. Die Tatsache aber, daß man ihn zu einer Zeit, da die politische Lage des Vaterlandes derart unstabil war, einfach abschob, verbitterte ihn und trieb ihn endgültig auf die Seite der militärischen Radikalen.

Schon Anfang Juni 1936 waren die Umsturzpläne der Rechten sehr weit gediehen. General Mola sollte den Aufstand in der Provinz Navarra anführen und die Stadt Burgos besetzen, General Villegas sollte Madrid nehmen und General Cabanellas die Stadt Saragossa. In Cadiz sollte General Vatela die Macht ergreifen, in Barcelona General Carrasco, in Valladolid General Saliquet, und General Goded – den man wie Franco abgeschoben hatte – sollte von den Balearen zurückkehren und Valencia für die Verschwörer in Besitz nehmen. Auf General Queipo de Llano, den Chef der „Carabineros" (Küstensicherungstruppen), fiel die schwierige Aufgabe der Besetzung Sevillas. General

Eine Schwadron Kavallerie der Nationalisten in der Nähe von Valencia.

Franco schließlich mußte nach den Plänen der Verschwörer von den Kanarischen Inseln nach Spanisch-Marokko fliegen und dort das Kommando über die „Armee von Afrika" übernehmen. Sobald sich ein positiver Ausgang des ganzen Unternehmens abzeichnete, wollte man schließlich General Sanjurjo aus Lissabon einfliegen lassen. Welche Aufgaben Sanjurjo dann übernehmen sollte, blieb noch dahingestellt.

Über den Beginn der Erhebung konnte man in den einzelnen Rechtsgruppen zunächst keine Einigung erzielen. Sowohl die Carlisten, die Monarchisten als auch die Falange versuchten ihre jeweiligen Wünsche durchzusetzen. Mittlerweile steigerten sich die Auseinandersetzungen zwischen den „Asaltos", den Schutztruppen des Regimes,

Portugiesische Freiwillige kämpften als Bundesgenossen auf seiten General Francos.

und den bewaffneten Kräften der Falange in bereits unerträglicher Weise. Gewalt und Gesetzlosigkeit nahmen vollständig überhand. Wurde einer der „Asaltos" getötet, rächten sich seine Kameraden an einem Falangisten. Umgekehrt war es ebenso.

Als der Marquis von Heredia, ein Vetter von José Antonio, dem Sohn von Primo de Rivera, von José Castillo, einem Leutnant der „Asaltos", ermordet wurde, wußte man, was bevorstand. Am 12. Juli 1936, weniger als vier Wochen nach dem Mord, wurde Leutnant Castillo von vier bewaffneten Falangisten auf offener Straße niedergeschossen. Nun waren wieder die „Asaltos" am Zuge: Um drei Uhr am Morgen des 13. Juli 1936 drang ein Kommando in das Haus von Calvo Sotelo ein, dem Chef der monarchistischen Opposition, und erschoß den Politiker.

Für die Verschwörer war damit der erwünschte Anlaß zur Auslösung einer „spontanen Erhebung" gegeben, und General Mola setzte nun den Zeitpunkt des Aufstandes für Freitag, den 17. Juli 1936, um fünf Uhr nachmittags fest.

# Der Aufstand

Einer der wichtigsten Punkte im Plan der Offiziersverschwörer war die Übernahme der gut ausgebildeten und hervorragend ausgerüsteten, damals genau 24.471 Mann starken „Armee von Afrika". Dies sollte bereits am 17. Juli 1936 durch eine Gruppe von jungen Offizieren durchgeführt werden, und erst später, in den frühen Morgenstunden des folgenden Tages, sollte die Erhebung im Mutterland selbst beginnen. Wenn die Machtübernahme bei der „Armee von Afrika" funktionierte, würde General Franco von den Kanarischen Inseln – die er ebenfalls schon zuvor für die Rebellen sicherzustellen hatte – nach Tetuan fliegen und dann den Befehl über die afrikanischen Divisionen übernehmen.

Ohne Einrechnung der in afrikanischen Garnisonen Dienenden gab es damals im spanischen Heer 15.167 aktive Offiziere. 4660 waren mit der Sache der Verschwörer einverstanden und für einen Aufstand bereit. Von den insgesamt 7000 Unteroffizieren waren 2750 auf der Seite der Aufständischen. Von den Mannschaften war etwa ein Drittel für die Nationalisten eingestellt. Von der „Guardia civil" war noch etwa die Hälfte regierungstreu, bei den „Carabineros" waren es noch 60 Prozent, und die „Asaltos" standen zu etwa 70 Prozent hinter der Regierung. In der Marine waren praktisch alle Offiziere für Franco, während die anderen Dienstgrade fast ebenso hundertprozentig regierungstreu waren. Bei den „Fueréas Aereas Espanolas", der Spanischen Luftwaffe, war ungefähr ein Viertel der Offiziere, Unteroffiziere und Mannschaften dem geplanten Staatsstreich gegenüber positiv eingestellt.

Bei diesen Zahlenverhältnissen rechneten sich die Nationalisten gute Chancen aus, sofern man die Planungen wohlkoordiniert durchführen konnte. Man kalkulierte, daß man Madrid und die anderen großen Städte innerhalb von fünf Tagen fest in die Hand bekommen würde, und der Rest wäre dann in etwa zwei Wochen zu erledigen. Soweit die Planung. Was wirklich geschehen sollte, ahnte damals wohl kein einziger der optimistischen Generale: 141 blutige Wochen lang sollte der Bürgerkrieg toben, und die Hauptstadt Madrid fiel nicht innerhalb von fünf Tagen, sondern hielt fast bis zum Ende des Krieges aus.

Die Nationalisten erkannten richtig, daß General Franco bei der Machtübernahme eine ganz entscheidende Rolle zukommen würde. Um alle Risken auszuschließen, wollte man sich für den geplanten Flug von den Kanarischen Inseln nach Tetuan nicht auf die spanische Luftwaffe verlassen, sondern ließ durch den Londoner Korrespondenten des spanischen Monarchistenblattes „ABC" ein Flugzeug chartern. Die Maschine, eine „Dragon Rapide", wurde von einem englischen Piloten geflogen, den man im Glauben ließ, er habe vier Touristen nach den Kanarischen Inseln zu fliegen und sich dort für weitere Aufträge bereitzuhalten. Am Mittwoch, dem 15. Juli 1936, flog die Maschine aus Croydon ab und landete wie geplant in Las Palmas.

Je weiter die konkreten Umsturzvorbereitungen gediehen, desto mehr Menschen mußten in die Planung eingeweiht werden, und so war es auch nicht weiter verwunderlich, daß sich allmählich Gerüchte über einen unmittelbar bevorstehenden Militärputsch überall im Land zu verbreiten begannen. Das war für die Verschwörer selbstverständlich überaus unangenehm und riskant. In Spanien gab es damals insgesamt etwa 200 Generale, und die meisten von ihnen waren regierungstreu. Also mußte man sie in Sicherheit wiegen. So versicherte Brigadegeneral Mola seinem Kameraden, dem General Butet, der die Sechste Division in Burgos befehligte, in einem persönlichen Gespräch, daß er, Mola, nicht im geringsten irgendwelche Aufruhr- und Umsturzpläne hege. Zur gleichen Zeit versuchten die Verschwörer in Marokko Ähnliches: Quintero Romerales, Befehlshaber der „Zone Ost", den man wegen seines immensen Bauches allgemein nur „El Gordo" nannte, und General Gomez Morato, Chef der „Armee von Afrika", hatten selbstverständlich ebenso von gewissen Putschplänen gehört wie viele ihrer Offizierskameraden im Mutterland selbst. „Alles Lüge und Verleumdung", versicherte man den mißtrauischen Generalen. „Eine böswillige Intrige – nichts weiter!"

Obwohl ihre Machtbefugnisse bereits mehr als bescheiden geworden waren, versuchte die Regierung in Madrid doch noch, in den Lauf der Geschehnisse einzugreifen. General Varela, der nach den Plänen der Putschisten die Macht in Cadiz übernehmen sollte, wurde inhaftiert, und man ordnete außerdem an, daß gewisse andere Offiziere oder sonst verdächtige Personen im Fall eines möglichen Aufstandes sofort zu verhaften seien. Innerhalb von wenigen Tagen wurden auf diese Weise nach Ausbruch des Bürgerkrieges etwa 5000 Personen in

Einer von Francos „Moros", die sich als ausgezeichnete Schützen bewährten.

Gefängnishaft genommen. Daß man dabei nicht allzu genau und wäh-
lerisch sein konnte, war selbstverständlich. Verdächtig waren viele.
Und wer – was immer er auch bestellt hatte – niemals sein Glas mit
dem Ausruf „CAFE!" geleert hatte, war um so mehr verdächtig.
„CAFE!" hatte nämlich nichts zu tun mit „Kaffee", sondern es war
eine versteckte Formel, an der einander Sympathisanten der Falange erkannten: CAFE – das stand für „Cameradas Arriba Falange Españo-
la!" Und wen die Republikaner erwischten, für den konnte sein
„CAFE!" sehr gefährlich und sogar lebensbedrohlich werden.
  Am frühen Morgen des Freitag, 17. Juli 1936, trafen einander die
Spitzen der Verschwörung in Melilla in Spanisch-Marokko. Es war
soweit: Oberst Segui, der regionale Chef der Putschisten, gab bekannt,
daß die Erhebung um fünf Uhr nachmittags desselben Tages mit der
Besetzung der öffentlichen Verwaltungsgebäude beginnen sollte. „A

las cinco de la tarde", genau um fünf Uhr nachmittags. In der Stunde, in der in Spanien traditionsgemäß der Stierkampf beginnt . . .

Oberst Segui sprach offen, weil er glaubte, nur von Gesinnungsgenossen umgeben zu sein. Aber er irrte sich: einer der Zuhörer, von dem man annahm, er gehöre zur örtlichen Falange, war in Wirklichkeit Mitglied einer der sozialistischen Parteien. Nach der Versammlung verständigte er unverzüglich seine Parteigenossen. Diese wieder informierten den General Romerales, und auch dieser verlor keine Zeit. Er ließ das Gebäude, in dem sich die Verschwörer befanden, von Soldaten und Polizisten umstellen. Bevor jedoch der regierungstreue Offizier, unter dessen Kommando die Sicherheitskräfte standen, etwas unternehmen konnte, hatte sich das Blatt neuerlich gewendet.

Der Anführer der Putschisten, Oberst Segui, verständigte telefonisch eine Einheit der Fremdenlegion, und der regierungstreue Offizier, der nicht auf Kameraden schießen lassen wollte, gab auf. Obwohl damit die Lage zunächst bereinigt schien, war es Oberst Segui nunmehr klar, daß er mit der Auslösung des Putsches nicht mehr – wie ursprünglich beabsichtigt – bis fünf Uhr zuwarten konnte: Segui betrat das Dienstzimmer von General Romerales mit gezogener Pistole und forderte seinen Vorgesetzten zur Übergabe der Befehlsgewalt auf. Romerales, der – im übrigen eine typisch spanische Nationaleigenschaft – in angespannten Situationen zum Fatalismus neigte, leistete keinen Widerstand. Er unterschrieb das Dokument, welches ihm der Oberst vorlegte, und wurde schon wenige Stunden später von den Aufrührern erschossen.

Romerales' Tod war der Auftakt zu einer Reihe von gewaltsamen „Reinigungen": Innerhalb weniger Tage wurden nun von den Putschisten fünf weitere Generale und ein Admiral exekutiert, weil sie sich der Erhebung gegenüber ablehnend verhielten. In den Morgenstunden des 18. Juli 1936 hatten die Rebellen bereits die drei wichtigsten Städte in Spanisch-Marokko in ihrer Hand: Larache, Tetuan und Ceuta. mittlerweile brachte General Franco die Kanarischen Inseln vollständig unter seine Kontrolle.

Im spanischen Mutterland blieb es zunächst noch ruhig: Die Hoffnung der Regierung, daß der Aufstand als Angelegenheit von lokaler Bedeutung erledigt werden konnte, erwies sich aber als falsch. Schon am Samstag, dem 18. Juli 1936, brachen auch in verschiedenen Garnisonen des Mutterlandes Rebellionen aus. Regierungsbeamte, Gewerkschaftsfunktionäre und Sympathisanten der Linksparteien wurden ergriffen und festgesetzt. Bald gingen die Rebellen auch zu massiven Gewaltmaßnahmen über. Man begann mit Massenexekutionen, die in-

Armeeoffiziere werden zur Hinrichtung geführt.

nerhalb weniger Tage wenigstens 40.000 Menschen das Leben koste-
ten. Die brutale Gewalt, mit der man den Putsch führte, war beabsichtigt. Es galt, die legalen Kräfte von vornherein derart einzuschüchtern,
daß sie jede Hoffnung auf organisierten Widerstand fallenlassen mußten. Und nachdem die Putschisten aus Marokko und von den Kanarischen Inseln ermunternde Meldungen über den Erfolg des Unternehmens erhalten hatten, setzten sie alles daran, auch das Mutterland
möglichst schnell unter ihre Kontrolle zu bekommen.

Völlig gegen alle Erwartungen ließen sich die linken und regierungstreuen Kräfte durch den Terror jedoch nicht einschüchtern, sondern
gingen zu Gegenmaßnahmen über. Innerhalb von wenigen Tagen entstand eine Atmosphäre des rasenden Hasses.

Auf die Nachricht über die Erhebung der Armee hin forderten viele
Zivilisten die Regierungsdienststellen zur Übergabe von Waffen auf,
um sich den Meuterern entgegenzustellen. Die Regierung aber zöger-

te. Der militärische Aufstand war eine gefährliche Angelegenheit – aber wenn sich auch noch die Massen bewaffneten, so fürchtete man, wäre die Lage innerhalb kürzester Zeit völlig unkontrollierbar. Die zögernde Haltung der Staatsgewalt in dieser kritischen Phase der Entwicklung war sicherlich der Sache der Republik nicht zuträglich. Sie wirkte sich allerdings damals nicht entscheidend aus, weil auch die Putschisten in vielen wichtigen Städten wie etwa in Madrid und in Barcelona ihre Chancen nicht richtig nutzten.

„Wenn" und „Aber" – diese Fragen werden immer wieder im Laufe der Geschichte gestellt. Was wäre geschehen, wenn der Aufstand tatsächlich wie geplant schlagartig in ganz Spanien am 18. Juli ausgelöst worden wäre? Man kann annehmen, daß in diesem Fall das Land bis zum darauffolgenden Montag in der Hand der aufständischen Nationalisten gewesen wäre. Was aber, wenn man nach Eintreffen der ersten Meldungen über den Aufstand in Spanisch-Marokko von seiten der Regierung die Gewerkschaftsmitglieder bewaffnet und alle verdächtigen Offiziere verhaftet hätte? Die Namenslisten lagen bereit – aber nichts geschah. Sicher ist, daß ein entschiedenes Vorgehen der Republik viele hohe Offiziere zur unbedingten Loyalität veranlaßt hätte und damit der Erfolg des Aufstandes mehr als fraglich gewesen wäre. Aber schnelles Handeln und die minuziöse Einhaltung von Zeitplänen liegen den Spaniern schon ihrer ganzen Mentalität nach nicht. Man wartete ab: Zwei volle Tage lang ließ die Regierung die Sache treiben. Und in dieser Zeit taumelte Spanien in den grausamsten und blutigsten Krieg seiner bisherigen Geschichte. . .

Vieles, was damals geschah, läßt sich tatsächlich nur aus den Eigentümlichkeiten des spanischen Nationalcharakters erklären. Wie arm er auch sein mag – was dem Spanier immer bleibt, ist sein unbeugsamer Stolz. Keine Regierung hat es je leicht gehabt in diesem Land: Die Bewohner der Iberischen Halbinsel sind gleichzeitig arbeitsam und dem Phlegma ergeben. Gastfreundlich und fremdenfeindlich zugleich, tapfer bis zum Letzten und ungehorsam der Obrigkeit gegenüber schon aus Prinzip. Und in den dreißiger Jahren unseres Jahrhunderts war auch das spanische Staatsbewußtsein an sich noch recht mangelhaft ausgeprägt. Was für den Spanier – sei er nun ein Baske, ein Katalane, ein Andalusier – wirklich zählte und zählt, ist die Familie. Dann kommt der Nachbar, denn auch diesem fühlt man sich meist kameradschaftlich verbunden. Und der einzige größere Verband, dem sich der Spanier noch in den dreißiger Jahren wirklich zugehörig fühlte, war der „Pueblo" oder „Barrio". Diese Begriffe lassen sich nicht genau definieren. Grob gesprochen, bedeuten sie soviel wie „Gemeinde" im

*Oben:* Ein schweres Maschinengewehr im Kampf.
*Unten:* Nationalistische Truppen während einer Gefechtspause.

territorialen und im personellen Sinn. Wer im eigenen Marktflecken, im eigenen Bezirk wohnt, den kennt man, und dem fühlt man sich verbunden. Und schon der nächste „Pueblo" ist so etwas wie „Ausland". Unbekanntes Gebiet, dem man nicht ohne Mißtrauen gegenübersteht. Das gilt ebenso auch für die nächste Provinz, für fremde Menschen im allgemeinen und für Ausländer im besonderen. Dieser „Gemeindepatriotismus", wie man diese Grundeinstellung der Spanier auch bezeichnet hat, ist kennzeichnend für alle spanischen revolutionären Bewegungen – und auch im Bürgerkrieg des Jahres 1936 zeigten sich die Folgen dieser kantonalen Engstirnigkeit recht deutlich, bei allen Streitparteien gleichermaßen.

In den von den Nationalisten kontrollierten Gebieten versuchte man zwar gleich zu Beginn der Auseinandersetzungen, eine Art von Zentralgewalt einzurichten, aber diese Versuche blieben ebenso kurzzeitig wie erfolglos. Das Ergebnis war, daß viele lokale Befehlshaber völlig unabhängig voneinander nach jenen Prinzipien operierten, die jeder der Verantwortlichen für die zum Wohle des Gesamten am zweckmäßigsten hielt. Bei den Republikanern war das sogar noch schlimmer. Der bekannte spanische Historiker Azana schreibt dazu: „Überall findet man Komitees, Gruppen, Parteien, Gewerkschaften und Stadtverordnet, regionale und provinziale Deputierte oder auch nur einfach Privatpersonen, die sich allesamt Befehlsgewalt anmaßen und darüber die Bedeutung der gemeinsamen Sache übersehen." Darüber hinaus verhinderten oft alte Animositäten und Reibereien zwischen einzelnen Gruppen deren Zusammenarbeit in entscheidender Weise. Das Verhältnis zu den eigenen Streitgenossen, mit denen man ja Schulter an Schulter kämpfte, war solcherart oft gespannter als das Verhältnis zum eigentlichen Feind. Jeder Ausländer, der sich in den Kampf einmischte, wurde sowieso mit dem größten Widerwillen zur Kenntnis genommen, ganz gleichgültig, auf welcher Seite er stand. Als der Bürgerkrieg ausbrauch, trat die „Armee von Afrika" praktisch vollständig zu den Nationalisten über. Das war eine Tatsache, welche von vornherein abzusehen gewesen war. Im Mutterland war die Situation wesentlich weniger klar. Meist blieb die Sache so lange unentschieden, bis sich einer der politischen Gegner nach den Auseinandersetzungen der ersten Tage nach Beginn des Aufstandes endgültig durchgesetzt hatte. War dies entschieden, schlugen sich die örtlichen Armeeverbände und viele andere Wehrgruppen meist auf die Seite jenes Mannes, der die Oberhand behalten hatte. Wer aus Prinzip für eine Sache kämpfte, war dabei im Nachteil: Wenn sich die politische Richtung, für die er eintrat, nicht durchsetzte, konnte er mit dem Leben meist abschließen.

General
Queipo de Llano

Bald nach Ausbruch des Bürgerkrieges brachten die Nationalisten fast ganz Nordspanien unter ihre Kontrolle. Nur ein schmaler Küstenstreifen an der Biskaya und das Gebiet um die Pyrenäenausläufer blieben in der Hand der Republikaner. Im Süden fiel die Stadt Sevilla durch einen verwegenen, allen vernünftigen militärischen Überlegungen hohnsprechenden Handstreich des Generals Queipo de Llano in die Hand der Nationalisten. Auch in den im südlichen Spanien gelegenen Städten Cadiz, Algeciras, Granada und Cordoba setzten sich die rechten Militärs durch, das jeweilige Hinterland aber blieb in republikanischer Hand. In den Städten Malaga und Huelva schlugen die Umsturzversuche fehl, und die jeweiligen Regierungsrepräsentanten setzten sich dort gegen die Nationalisten gleich zu Kriegsbeginn durch.

Während General Mola mit 6000 Carlisten die Stadt Pamplona für die Aufständischen ohne viel Gegenwehr in Besitz nehmen konnte, fiel die Provinz Galicien erst nach einer Reihe von schweren und blutigen Kämpfen an die Nationalisten. Von den drei baskischen Provinzen blieben Vizcaya und Guipuzcoa in der Hand der Regierung, und nur in Alava setzten sich die Rechten durch. Die wichtigen Hafenstädte Bilbao und San Sebastian behaupteten sich ebenfalls gegen die aufständischen Rechten, während etwa Burgos, Saragossa, Valladolid und Segovia bereits am 19. Juli 1936 in die Hand der Nationalisten fielen.

Völlig fehlgeschlagen war der Militärputsch dagegen in Barcelona und entlang der gesamten spanischen Ostküste von der französischen Grenze bis nach Almeria. In Madrid konnte sich General Villegas am Samstagmorgen nicht zum Losschlagen entscheiden und verschob die ganze Angelegenheit auf den nächsten Tag. Am Sonntag schließlich fand der General endgültig, daß die Sache seine Möglichkeiten übersteige, und ließ die Angelegenheit auf sich beruhen. Der wesentlich entschlossenere General Fanjul begab sich daraufhin zur Montana-Kaserne, wo eine größere Anzahl von Falangisten und die in die Verschwörung verwickelten Offiziere auf das Signal zum Losschlagen warteten. Seine Absicht, mit diesen Männern handstreichartig die wichtigsten Schlüsselpunkte der Stadt zu besetzen, konnte Fanjul jedoch nicht verwirklichen: Der General fand die Kaserne von mehr als 5000 auf die abenteuerlichste Weise bewaffneten Menschen belagert. Ein Ausbruchsversuch wäre unmöglich gewesen.

Schon am darauffolgenden Tag überwältigten die Belagerer die Verteidiger der Kaserne und metzelten sie bis zum letzten Mann nieder. General Fanjul fiel den Erstürmern der Kaserne unverletzt in die Hände. Man machte ihm den Prozeß und exekutierte ihn wenige Wochen später.    General Villegas wurde ebenfalls verhaftet. Man stellte auch ihn vor ein Tribunal, wies ihm seine Beteiligung am Putsch nach und verurteilte ihn – offenbar, weil er sich nicht direkt an den Kampfhandlungen beteiligte hatte – nur zu einer Freiheitsstrafe. Diese verhältnismäßig milde Behandlung nützte dem General allerdings wenig: Wenige Wochen nach dem Prozeß stürmten aufgebrachte Milizangehörige das Gefängnis, in dem sich Villegas aufhielt, und machten ihn an Ort und Stelle nieder.

General Franco landete am Sonntag, dem 19. Juli 1936, in Tetuan. Damit hinkte man im Zeitplan zwar bereits um einen Tag nach, dafür aber war um diese Zeit bereits ganz Spanisch-Marokko fest in der Gewalt der Nationalisten. Was Franco jetzt am meisten beschäftigte, war das Transportproblem. Er mußte die eingeborenen Soldaten, die „Moros", und die Einheiten der spanischen Fremdenlegion möglichst schnell über die Straße von Gibraltar ins spanische Mutterland bringen. Nur so war Andalusien auf Dauer für die Nationalisten zu halten. Außerdem, das wußte Franco, mußte er auch seine eigene politische Bedeutung neben Mola und dem auf so unvermutete Weise erfolgreichen General Queipo de Llano in deutlicher Weise demonstrieren.

Franco war damals ja noch „inter pares" mit den anderen nationalistischen Generalen. Das Oberkommando im Feld hatte sich der tüchtige Franco allerdings bereits damals ausbedungen. Der eigentliche

Nationalisten hissen in einer eroberten Stadt ihre Fahne.

Führer des Aufstandes aber sollte General Sanjurjo sein, der allerdings zu dieser Zeit noch ungeduldig im portugiesischen Exil saß und auf das Flugzeug wartete, das ihn zu Mola nach Burgos bringen sollte.

So stark Franco auch in Marokko sein sollte – wenn er seine Soldaten nicht nach Spanien brachte, konnte er nicht entscheidend in den Kampf eingreifen. Da sich die spanische Kriegsmarine aber bei Ausbruch der Feindseligkeiten in unzweideutiger Weise auf die Seite der Republik gestellt hatte – die Matrosen brachten ihre vorgesetzten Offiziere in den meisten Fällen einfach um –, fielen Schiffe als Transportmittel vollständig aus. Was blieb, war also nur der schleunige Lufttransport.

Franco war bei seiner Ankunft in Tetuan bereits sehnlichst erwartet worden. Unter den Männern des Empfangskomitees befand sich auch ein noch ziemlich unbekannter Ausländer – der deutsche Staatsangehörige Johannes Bernhardt. Bernhardt hielt sich damals bereits mehr als fünf Jahre als Geschäftsmann in Spanisch-Marokko auf. Er hatte ursprünglich in keineswegs leitender Position dort für die bekannte deutsche Exportfirma Gebrüder Wilmer gearbeitet, dann aber eigentlich recht unerwartet Karriere gemacht. Als altes Parteimitglied der NSDAP hatte Bernhardt nach seiner Ankunft in Tetuan die bestürzende Feststellung machen müssen, daß es in der Stadt, ja in ganz Spanisch-Marokko keinerlei nationalsozialistische Organisationen gab. Tatkräftig machte sich der Neuankömmling an die Arbeit und begann emsig, politische Fäden zu ziehen. Als sein „Führer" 1933 zur Macht kam, wußte er es dem unermüdlichen Parteigenossen zu danken: Bernhardt wurde, so unglaublich es klingt, Gauleiter von Nordafrika.

Der Aufstieg ihres Mitarbeiters konnte selbstverständlich der Firmenleitung der Gebrüder Wilmer nicht entgehen. Man beförderte Bernhardt zum Chef der Geschäftsniederlassung in Tetuan und vermählte ihm gleichzeitig eine der Erbtöchter des Unternehmens. Dank seines gesellschaftlichen Aufstiegs begann Bernhardt nun bald die Bekanntschaft vieler lokaler Falangeführer zu machen und gelangte auf diese Weise auch in Offizierskreise, welche der UME nahestanden. Welch wertvollen Mann sie da kennengelernt hatten, entdeckten die verschwörerischen Offiziere recht bald: Der deutsche Geschäftsmann gab zu verstehen, daß er recht gute Beziehungen habe. Falls nötig, so ließ er durchblicken, könne er auch Waffen und anderes Kriegsmaterial aus dem Deutschen Reich besorgen. Derartige Möglichkeiten faszinierten besonders Oberst Segui. Der Chef der zukünftigen Putschisten interessierte sich ganz außerordentlich für große deutsche Transportflugzeuge. Wenn Bernhardt da vielleicht seine Beziehungen einsetzen wollte . . .? Er wollte: Der aufsteigende Mitarbeiter der Firma Gebrüder Wilmer zählte sowohl Herrn Heinrich Rodatz, den Repräsentanten der deutschen Lufthansa in Madrid, als auch den Grafen Beroldingen, der die Lufthansa in Barcelona vertrat, zu seinen Bekannten. Und schon bald konnte Bernhardt dem erfreuten Oberst Segui mitteilen, daß sich da etwas machen lassen werde. Segui erstattete General Sanjurjo in Lissabon unverzüglich Meldung, aber dieser schlug das Angebot selbstsicher in den Wind. Sanjurjo hatte ebenfalls Verbindungen nach Deutschland, und er gedachte sie auch auszunützen. Allerdings erst dann, wenn er selbst bereits wieder in Spanien saß und die Zügel fest in der Hand hielt. Oberst Segui aber ließ sich durch die ablehnende Haltung Sanjurjos weiter nicht entmutigen und hielt die Verbindung zu Bernhardt aufrecht. Wenn es tatsächlich zum Putsch kam, das wußte der Offizier, mußte man die Soldaten so schnell wie möglich ins Mutterland schaffen. Auch der ehrgeizige deutsche Firmenrepräsentant begriff, daß die Angelegenheit vielleicht doch noch von einiger Bedeutung werden konnte, und als er einige Monate vor Ausbruch des Bürgerkrieges nach Deutschland flog, nützte er seinen Heimataufenthalt für eine lange Aussprache in der Direktion der Firma Junkers.

Die Junkers-Direktoren reichten ihn an Göring weiter, und der hörte dem Gauleiter aus Tetuan mit großem Interesse zu. Dann dankte er dem Parteigenossen für seine Informationen und wies ihn an, nach Spanisch-Marokko zurückzukehren und dort die weitere Entwicklung der Dinge abzuwarten. Als Bernhardt nach Tetuan reiste, war er nicht nur im Besitz einiger wichtiger und eindrucksvoller von Göring selbst unterschriebener Schriftstücke, sondern auch von dem Auftrag durchdrungen, den ihm der Feldmarschall übertragen hatte: Göring wünschte, ständig über die Entwicklung der politischen Szene in Marokko informiert zu werden. Als schließlich General Franco den deutschen Geschäftsmann kennenlernte, beeindruckten ihn nicht nur die von Göring unterzeichneten Akkreditive, sondern auch die angedeutete Erklärung Bernhardts, er besitze das Ohr des „Führers". Trotzdem aber wollte sich Franco damals doch eher im Bedarfsfalle an die Italiener wenden, von denen er sich schnellere Hilfe versprach. Also schickte er Luis Bolin, den ABC-Repräsentanten, der schon die „Dragon Rapide" für ihn besorgt hatte, am Montag, dem 20. Juli 1936, nach Biarritz. Dort wartete schon der spanische Millionär Juan March, dessen finanzielle Mittel sich später für die Sache der Nationalisten noch als äußerst bedeutsam herausstellen sollten, auf die Maschine. Nach kurzem Aufenthalt flog die „Dragon Rapide" mit March, Bolin und dessen Chef, dem Herausgeber des „ABC", nach Rom weiter. Am Mittwoch, dem 22. Juli 1936, trafen die drei Spanier in der italienischen Hauptstadt mit Graf Galeazzo Ciano, dem Außenminister des Duce, zusammen.

Was Ciano von den drei Emissären Francos mitgeteilt wurde, war kurz und bündig: „Mit zwölf Transportmaschinen kann ich den Krieg innerhalb von wenigen Tagen gewinnen!" ließ Franco dem italienischen Außenminister bestellen. Ciano reagierte unsicher. Er wußte nichts Näheres über die Beziehungen zwischen General Franco und dem Nationalistenchef Goicoechea. Dem letzteren hatte er zwar im Namen des Duce italienische Unterstützung bereits zugesagt, aber wie er sich Franco gegenüber verhalten sollte, war noch unklar. Während die spanischen Emissäre noch in Italien auf eine Entscheidung warteten, trat in Spanien eine überraschende Änderung der Gegebenheiten ein, die dem gesamten Verlauf der Geschehnisse eine entscheidende Wendung geben sollte. Nachdem General Sanjurjo in seinem portugiesischen Exil in Estoril von der erfolgreichen Entwicklung des Putsches informiert worden war, wollte er möglichst schnell nach Spanien zurückkehren. Ohne das Gewicht seiner Persönlichkeit nämlich, davon war der General überzeugt, würden die Putschisten am Ende doch eine Niederlage erleiden. General Mola, der damals noch ganz unter dem Eindruck seines eigenen Erfolges in Burgos stand, stimmte der Ansicht von Sanjurjo bei und schickte einen jungen spanischen Piloten namens Antonio Ansaldo nach Portugal, um den General nach Spanien zurückfliegen zu lassen. Als Ansaldo die Maschine nach geglückter Landung in Portugal auf dem Flugplatz von La Marinha wieder startklar machen ließ, wartete General Sanjurjo im Kreise einiger Getreuer schon nervös auf den Abflug. Knapp vor dem Start erschien noch ein unter der Last von zwei schweren Lederkoffern keuchender Diener des Generals. Ansaldo protestierte taktvoll, aber bestimmt: Die Koffer könne man nun aber wirklich nicht mitnehmen! Die Maschine war bis oben vollgetankt, die Startbahn war kurz und an ihrem Ende stand eine Baumgruppe. Also wirklich: zu riskant. Sanjurjos Adjutant tat die Bedenken des Piloten unwillig ab: „In den Koffern befinden sich die Paradeuniformen des Herrn Generals, und diese kommen selbstverständlich mit." Der Adjutant duldete keinen Widerspruch. „Soll seine Exzellenz vielleicht vor seinem triumphalen Einzug nach Madrid ohne Uniform in Burgos ankommen?" Das gab den Ausschlag. Ansaldo gab auf und zuckte resigniert die Schultern. Wenn es eben sein mußte . . .

Um ein überladenes Flugzeug von einer vermutlich zu kurzen Startbahn in die Höhe zu bringen, gibt es nur eine Möglichkeit: Man muß die Maschine mit Vollgas starten, aber sie gleichzeitig mit nach vorne gedrücktem Knüppel so lange auf dem Boden zu halten versuchen, bis sie so schnell ist, daß man sie dann knapp vor dem Ende der Piste steil nach oben ziehen kann. Und genau diese Technik versuchte Ansaldo beim Start mit der überladenen kleinen Maschine von La Marinha aus. Erst im letzten Augenblick zog er das Flugzeug steil hoch und setzte um Haaresbreite über die Bäume am Platz an. Als alle schon aufatmeten, geschah das Unerwartete: Ansaldo konnte das Flugzeug nicht halten, verlor die mühsam gewonnene Höhe und versuchte, die Maschine in einer Notlandung auf ein Stoppelfeld in der Nähe des Flugplatzes hinzusetzen.

Tatäschlich aber krachte das Flugzeug bei der Landung in eine massive Steinmauer und ging sofort in Flammen auf. Während Ansaldo noch rechtzeitig aus den Trümmern herauskam, gab es für Sanjurjo keine Hilfe mehr, und der General fand im brennenden Flugzeug den Tod. Mit General Sanjurjo starb einer der wenigen Männer, die Franco später die Macht im Staate hätten streitig machen können. Ein anderer, ebenso wichtiger Konkurrent des späteren Generalissimo saß am 18. Juli 1936 noch auf den Balearen: General Manuel Goded.

Noch am 18. Juli übernahm Goded auf den Balearen, wohin die spanische Regierung den nicht ganz linientreuen Offizier als Militärgouverneur abgeschoben hatte, die Macht für die Rechtsputschisten. Am 19. Juli flog Goded ins spanische Mutterland. Die Planung sah vor, daß er namens der Nationalisten in Barcelona den Umsturz leiten sollte. Soweit kam es aber nicht: Godeds Hauptquartier wurde von bewaffneten Arbeitern gestürmt und der General festgenommen. Nach seiner bald darauf erfolgten Exekution stand fest, daß nur noch General Franco als politischer und militärischer Anführer des Aufstandes in Frage kam. Jetzt war nur noch zu klären, wie er seine 25.000 Mann starke „Armee von Afrika" über die Straße von Gibraltar bringen konnte. Franco verlor keine Zeit.

Er bat den wegen seiner guten Beziehungen zur Regierung des Dritten Reiches schon bekannten Johannes Bernhardt und außerdem Adolf Langenheim, einen politisch ebenfalls nicht unbedeutenden Deutschen, zu sich und ersuchte die beiden, zwei wichtige Briefe – einen an Adolf Hitler persönlich, der andere war an Hermann Göring gerichtet – nach Deutschland zu bringen. Zu diesem Zweck stellte General Franco den beiden Deutschen eine Junkers Ju 52 der Lufthansa zur Verfügung, die auf den Kanarischen Inseln bei Ausbruch des Aufstandes vorübergehend von den Putschisten für ihre Zwecke beschlagnahmt worden war. Als Pilot war der deutsche Lufthansa-Flugkapitän Henke vorgesehen, und ein Offizier der spanischen Luftwaffe, Hauptmann Francisco Arranz, sollte als Bevollmächtigter zur Klärung aller möglicherweise auftretenden technischen Fragen ebenfalls nach Deutschland mitfliegen.

Während noch die entsprechenden Vorbereitungen durchgeführt wurden, nahm am 22. Juli 1936 auch Oberst Beigbeder Kontakt zu den Deutschen auf. Beigbeder war zuvor Militärattaché an der spanischen Botschaft in Berlin gewesen, war von dort aber über eigenes Betreiben nach Spanisch-Marokko zum Amt für Eingeborenen-Angelegenheiten in Tetuan versetzt worden. Und von dort aus sandte der Oberst am 22. Juli ein wichtiges Telegramm an den deutschen Militärattaché in Paris.

Zunächst einmal hieß es im Telegramm: „General Franco und Oberstleutnant Beigbeder senden ihrem Freund, dem hochverehrten

Nach dem Fall von Saragossa: Spanische Nationalisten gliedern sich in die Wehrverbände Francos ein.

Herrn General Kühlenthal, ihre ergebensten Grüße." Dann teilte man dem deutschen General offiziell „das Bestehen einer neuen nationalistischen spanischen Regierung" mit und ersuchte gleichzeitig, Herr General Kühlenthal „möge veranlassen, daß durch die Vermittlung privater Firmen zehn deutsche Transportflugzeuge mit möglichst großer Frachtkapazität nach Spanien entsendet werden mögen. Die Maschinen sollen direkt nach einem beliebigen Flugplatz in Spanisch-Marokko geflogen werden. Der notwendige Vertrag kann später abgeschlossen werden." Und das Telegramm mit dem Zusatz „Sehr dringend" endete mit den Worten: „Im Namen von General Franco und im Namen Spaniens."

Das Telegramm ging aber tatsächlich in verschlüsselter Form aus Tetuan direkt ans deutsche Reichsaußenministerium in Berlin und wurde dort nach Kenntnisnahme ans Kriegsministerium weitergeleitet. Was man im deutschen Außenamt zu dieser Zeit von dem spanischen Ersuchen hielt, konnten die Militärs aus dem dem Dokument beigefügten Kommentar ersehen: „Nach Ansicht des Außenministeriums kann

Verdächtige Frauen werden von Falangistinnen nach Waffen durchsucht.

dem spanischen Ersuchen derzeit keineswegs entsprochen werden."
Damit war die Sache bereits entschieden.

Mittlerweile flog die Ju 52 der Deutschen Lufthansa mit der Zulassung D-APOL zunächst von Tetuan aus nach Sevilla, wo General Queipo de Llano für die weitere Fluggenehmigung zuständig war. Trotz seiner sofortigen Genehmigung, anläßlich deren der General noch seiner „besonderen Befriedigung im Hinblick auf die in Aussicht stehende Zusammenarbeit mit dem Führer und Reichskanzler" Ausdruck gab, konnte die Ju 52 zunächst wegen eines technischen Gebrechens ihren Flug nicht fortsetzen. Erst am Samstag, dem 25. Juli, startete die Maschine um neun Uhr früh in Sevilla und flog nach Marseille. Von dort aus gelangte man zunächst nach Stuttgart und schließlich nach Berlin, wo die Maschine schon von Ernst Bohle, dem Leiter der nationalsozialistischen „Auslandsorganisation", die für alle Parteiaktivitäten außerhalb des Reiches verantwortlich war, erwartet wurde. Bohle sorgte dafür, daß Bernhardt und Langenheim samt dem sie begleitenden spanischen Offizier innerhalb von wenigen Stunden von

Göring empfangen wurden. Göring zeigte sich den spanischen Emissären gegenüber sehr positiv gestimmt, nachdem er schon zuvor die Meinung von Admiral Canaris eingeholt hatte. Und Canaris hatte namens der Abwehr gemeint, General Franco verdiene durchaus deutsches Vertrauen und auch entsprechende Unterstützung. Entscheiden konnte letzten Endes aber nur der Führer selbst. Hitler befand sich um diese Zeit allerdings nicht in Berlin, sondern in Bayreuth, wo er – wie alljährlich – den von ihm so hoch geschätzten Wagner-Festspielen beiwohnte.

Also mußten die drei Emissäre möglichst umgehend nach Bayreuth, entschied Göring. Dies geschah auch: Schon am folgenden Tage trafen Bernhardt, Langenheim und der spanische Offizier in der Festspielstadt ein, und der Führer empfing sie schließlich nach dem Ende einer Aufführung der Oper „Walküre".

Das war am 26. Juli 1936. Daß wichtige Besucher in Bayreuth oft auf den Führer warten mußten, war keine Seltenheit. Hitler schätzte Richard Wagners Musik außerordentlich, ja, noch mehr: die mythologische Götter- und Heldenwelt, die Atmosphäre von Dämonen, Drachen und Blutfehden, wie sie zum Beispiel den „Ring des Nibelungen" beherrschen, übten eine magische Anziehungskraft und einen tiefgehenden Einfluß auf diesen psychisch und emotionell sicherlich verklemmten und unsicheren Mann aus, der das Deutsche Reich schließlich wenige Jahre später in eine „Götterdämmerung" ungeahnten Ausmaßes führen sollte. „Wer das nationalsozialistische Deutschland verstehen will, muß Wagner kennen", meinte Hitler einmal. Und mit diesem Wort war es ihm durchaus ernst.

Wie fast immer kehrte Hitler auch am 26. Juli 1936 von der Aufführung der „Walküre" in gehobener und erregter Stimmung zurück. Und noch in der gleichen Nacht entschied er, daß deutsche Soldaten und Flieger in Spanien kämpfen sollten.

Später erklärte er, es hätten ihn damals durchaus realistische Gründe zu seinem Eingreifen in den Spanischen Bürgerkrieg veranlaßt. Aber es ist eine bekannte Tatsache, daß der Führer viele sehr wichtige und folgenschwere Entscheidungen häufig aus der Intuition heraus traf.

Wie auch immer: Die Würfel waren gefallen. Hitler berief nun Göring, den Reichskriegsminister von Blomberg und einen Admiral – vermutlich Canaris – zu einer Art von „Gipfeltreffen" und ließ sich ihre Ansichten zu dem geplanten Unternehmen vortragen. Göring und der Admiral traten entschieden für Franco und für die Entsendung von deutschen Kräften nach Spanien ein. Blomberg blieb vorsichtig. Der Reichskriegsminister hatte vor der Zusammenkunft mit Hitler schon

Sie unterstützten General Franco und die Sache der Nationalisten: Graf Ciano und Hitler.

die Meinung des Außenamtes eingeholt und brachte vor, daß es sicherlich zweckmäßig wäre, jede direkte Verbindung zwischen dem Ersuchen Francos und „offiziellen Spitzen der Partei" zu vermeiden. Man solle, so schloß Blomberg den Vortrag, eine Unterstützung für Franco doch besser unterlassen. Blomberg hätte sich bei seinem Vorbringen auf eine Äußerung des damaligen Reichsaußenministers, Constantin von Neurath, stützen können, der schon am Tag vor dem Zusammentreffen des Kriegsministers mit Hitler nach Rücksprache mit Offizieren des Reichskriegsministeriums zu dem Schluß gelangt war, daß man allfällige deutsche Waffenlieferungen für die spanischen Nationalisten international wohl nicht werde geheimhalten können. „Das aber würde mit Sicherheit zu ernsten Konsequenzen für die in Spanien lebenden Deutschen und für die dort befindlichen deutschen Schiffe der Handels- und Kriegsmarine führen." Wenn man seitens des Außenmi-

67

nisteriums auch Hilfeleistungen für die Nationalisten durchaus nicht grundsätzlich ablehnte, wollte man sie doch erst gewähren, wenn die neuen Herren in Spanien sicher im Sattel saßen.

Die offiziellen Bedenken des Reichsaußenministeriums kamen letzten Endes aber zu spät. Bevor man noch seitens des Außen- oder Kriegsministeriums die dort gegebene Meinung Hitler offiziell vortragen konnte, hatte Göring – nach Rücksprache mit Canaris – die Emissäre aus Spanien dem Führer schon vorgestellt. Und Hitlers Entscheidung umzustoßen, wäre schwierig gewesen. Es war, wie es Albert Speer formuliert hat: „Wer Hitler eine Angelegenheit in bestimmter Weise vorgetragen hatte und die Zustimmung des Führers erhielt, hatte fast immer gewonnenes Spiel. Hitler schätzte es niemals, einen einmal von ihm eingenommenen Standpunkt zu ändern."

Und Göring hatte tatsächlich recht schwerwiegende Dinge vorzutragen gehabt. Die Spanier, so berichtete er seinem Führer, würden jedes einzelne Flugzeug mit Erzen bezahlen, die Deutschland damals so dringend brauchte. Canaris fügte noch hinzu, daß sich Frankreich bereits für eine Unterstützung der spanischen Republikaner entschlossen hätte. Das war genug: Hitler entschied, daß einige Transportmaschinen möglichst umgehend nach Marokko geflogen werden sollten. Weitere Maschinen werde man dann in zerlegtem Zustand über See nachführen. Das genüge nicht, meinte Göring dazu, denn wenn die Junkers Ju 52 Transporter nicht über Jagdschutz verfügten, würden sie selbst von den langsamen Jägern der Republikaner sehr bald abgeschossen werden. Dann sollten den Transportern eben auch noch sechs Heinkel He 51 Jäger beigegeben werden, entschied Hitler. Diese werde man allerdings wegen der selbstverständlich zu geringen Reichweite nicht direkt überführen können, sondern nur im Seetransport.

Die Sache war entschieden. Blomberg begriff, daß er sich gegen Göring und Hitler nicht durchsetzen konnte, und gab seinen Widerstand gegen die bevorstehende Intervention auf.

Nachdem der Führer einmal grundsätzlich zugestimmt hatte, vollzog sich alles Weitere sehr schnell. Göring erhielt den Oberbefehl über das ganze Unternehmen, gab die Detailplanung aber gleich an Erhard Milch weiter, der seinerseits den General Wilberg ins Reichsluftfahrtministerium befahl und ihm die Verantwortlichkeit für das ganze Unternehmen, das unter der Tarnbezeichnung „Feuerzauber" laufen sollte, übertrug. Zur technischen Durchführung der Angelegenheit wurde eine eigene Abteilung mit der neutralen Bezeichnung „Dienststelle General Wilberg" geschaffen. Schon am 27. Juli 1936 wurde in einer langwierigen Konferenz im Reichsluftfahrtministerium zunächst ein-

General Wever *(ganz links)* der erste Stabschef der neu entstandenen Luftwaffe, im Gespräch mit Reichskriegsminister General von Blomberg *(Mitte)* und General Milch *(rechts)*.

mal festgestellt, was man General Franco an Kriegsmaterial zur Verfügung stellen wollte. Zunächst einmal Flugzeuge. Das war klar. Was dann aber noch benötigt wurde, waren Fliegerabwehrgeschütze, Nachrichteneinrichtungen, darunter besonders Kurz- und Langwellenfunkgeräte, Gasschutzausrüstung und Infanteriewaffen. Und dazu kam noch eine lange Liste von Zusatzausrüstung und Ersatzteilen.

Zwanzig Junkers Ju 52 wurden für das gesamte Unternehmen zunächst einmal zur Verfügung gestellt. Neun Transportmaschinen sollten den Weg von Dessau nach Tetuan mit Zwischenlandung in Stuttgart oder Friedrichshafen zur Ergänzung des Treibstoffes im Direktflug zurücklegen. Man rechnete mit einer Flugzeit von elf Stunden. An den restlichen elf Ju 52 mußten alle militärischen Kennzeichen übermalt und die Maschinen sodann in die Junkers-Werke nach Dessau gebracht werden, wo sie zerlegt und in große Kisten verpackt werden sollten. Die Packkisten, so entschied man, waren dann im Straßentransport in den Hamburger Hafen zu schaffen, wo sie anschließend für die Überführung per Schiff verladen werden sollten.

Wesentlich leichter als mit dem Transport der zerlegten Ju 52 hatten es die Verantwortlichen mit den 2-cm-Fliegerabwehrgeschützen und der dazugehörigen Munition: Man verpackte die zerlegten Geschütze und die Munition ebenfalls in Kisten und deklarierte sie mit der Aufschrift „Möbel-Übersiedlungsgut". Auch die Flak-Geschütze wurden im Hamburger Hafen verladen. Das Luftwaffenpersonal kam teilweise von in Merseburg, Gotha und Ansbach liegenden Jagdverbänden und teilweise aus Döberitz und Dortmund.

Das Kommando übernahm Major von Scheele, der Militärattaché in Madrid gewesen war. Er war keinen spanischen Dienststellen unterstellt, nicht einmal General Franco persönlich.

Die finanzielle Seite des Unternehmens überwachte das Reichsfinanzministerium im Zusammenwirken mit der Gestapo. Nichts durfte dem Zufall überlassen bleiben: Obwohl die ganze Angelegenheit mit deutscher Gründlichkeit durchgeführt wurde, durfte selbstverständlich international nicht das geringste über die Intervention bekannt werden. Also gründete man zwei private Handelsgesellschaften, über die alle notwendigen Transaktionen durchgeführt wurden. Eine Gesellschaft trug die Bezeichnung ROWAK (Rohstoffe- und Wareneinkaufsgesellschaft). Dieses Unternehmen hatte alle in Frage kommenden Rohmaterialien und Fertiggüter in Deutschland einzukaufen. Die zweite Gesellschaft, die unter der Bezeichnung HISMA (Hispano-Marokkanische Transportgemeinschaft) figurierte, hatte das Verkaufsmonopol für alle diese Güter in Spanien. Die beiden Gesellschaften erzielten in der Folge riesenhafte Umsätze, und die Profite waren so ergiebig, daß Johannes Bernhardt, der den spanischen Repräsentanzen beider Gesellschaften als Direktor vorstand, schon im Jahr 1937 eine dritte Gesellschaft unter der Bezeichnung „Sociedad Financiera Industrial" gründen konnte. Auch dieses Unternehmen genoß eine Monopolstellung: Es war für die Abwicklung des gesamten deutsch-spanischen Außenhandels zuständig und bestand im übrigen sogar auch nach dem Bürgerkrieg bis in die Zeit des Zweiten Weltkrieges weiter, während die „Sociedad Financiera Industrial" für die Durchführung der spanischen Rohmateriallieferungen an das Deutsche Reich zuständig blieb. Zumindest für Herrn Bernhardt also war der Spanische Bürgerkrieg das Geschäft seines Lebens . . .

# Die Fronten werden klar

Zu Beginn des Bürgerkrieges gab es in Spanien beinahe überhaupt keine modernen Kampfflugzeuge. Die Regierung hatte zwar grundsätzlich die Modernisierung der spanischen Luftwaffe betrieben, war aber infolge der ständigen politischen Krisen kaum jemals zu sichtbaren Erfolgen in ihren diesbezüglichen Bemühungen gelangt. Das Standardkampfflugzeug der spanischen Luftwaffe bei Bürgerkriegsbeginn war immer noch die in Spanien in Lizenz gefertigte „Breguet XIX". Die Maschine war ein an sich recht robuster und verläßlicher zweisitziger Doppeldecker, der bis zum Anfang der dreißiger Jahre den technischen und militärischen Anforderungen durchaus genügte. Etwa 100 Exemplare dieses Typs standen in der spanischen Luftwaffe bei Kriegsausbruch in Verwendung, und etwa zwei Drittel der Maschinen flogen in der Folge ihre Einsätze für die Regierungstruppen. Der Rest fiel den Nationalisten in die Hände. Rein technisch gesehen war die „Breguet XIX" in der zweiten Hälfte der dreißiger Jahre jedoch bereits überholt: Das Kampfflugzeug flog etwa 240 kmh und hatte bei einer Dienstgipfelhöhe von 6600 m eine Reichweite von insgesamt 800 km.

Das Standard-Jagdflugzeug der spanischen Luftstreitkräfte war zu dieser Zeit der Jagdeinsitzer Nieuport-Delage 52. Bei diesem Flugzeug handelte es sich um einen $1^1/_2$-Decker, eine französische Konstruktion, die in Spanien in Lizenz nachgebaut wurde. Als Bewaffnung verfügte die Maschine über zwei Maschinengewehre. Sie erreichte eine Höchstgeschwindigkeit von 270 kmh, eine Dienstgipfelhöhe von 8200 m und eine maximale Reichweite von etwas mehr als 480 km. Die Republikaner verfügten über dreißig Maschinen dieses Typs, und die Nationalisten bekamen bei Kriegsausbruch vier Maschinen unzerstört in ihre Hände.

Auf diese Weise waren zu Anfang des Bürgerkrieges Luftkämpfe zwischen Maschinen des gleichen Typs keine Seltenheit. Andere Typen, die ebenfalls von beiden Seiten geflogen wurden, waren einige

Dornier „Wal"-Flugboote und ungefähr ein Dutzend der damals sehr bekannten Fokker F-VII, die sich sowohl als Bomber als auch als Transportmaschinen verwenden ließen. Drei Maschinen der Bomber-Version waren vor Kriegsausbruch bereits in Spanien unter Lizenz nachgebaut worden. Die Fokker F-VII hatten eine Spitzengeschwindigkeit von etwa 210 kmh und erzielten eine Höchstreichweite von 800 km. Ein bedeutender Nachteil lag allerdings in ihrer geringen Dienstgipfelhöhe: Schon knapp über 3000 m ging der F-VII „die Luft aus", und auf diese Weise wurden die Maschinen nur allzu leicht die Beute von hochfliegenden Jagdmaschinen.

Bei Kriegsausbruch versuchten beide Streitparteien, modernes Fluggerät im Ausland zu erwerben. Die Regierung in Madrid wandte sich zu diesem Zweck an Frankreich und Rußland, und die Nationalisten fanden in Italien und Deutschland das Material, das sie für die Führung des Luftkrieges brauchten. Die ersten Maschinen kamen aus Frankreich und aus Italien. Schon am 20. Juli 1936 entschied der Premier der damals in Frankreich herrschenden Volksfront-Regierung nach Rücksprache mit dem Kriegs- und Außenministerium positiv über die Waffenwünsche der Madrider Regierung. Man beschloß, den Republikanern in Spanien sofort militärische Unterstützung zu gewähren. Diese Entscheidung rief jedoch unverzüglich den heftigen Widerstand der französischen Rechten hervor. Als schließlich die ersten französischen Maschinen am 2. August 1936 in Spanien einlangten, wußte man in Berlin und Rom längst über alle Details Bescheid.

Am 24. Juli traf der damals sechzigjährige spanische Monarchistenführer Antonio Goicoechea in Rom ein. Goicoechea kam als Emissär von General Mola und erinnerte den italienischen Außenminister Ciano an die Unterstützungszusagen, die die spanischen Monarchisten schon einige Jahre zuvor von seiten Italiens erhalten hatten. Mussolini war über das Eintreffen des spanischen Emissärs ebenso wenig begeistert wie der italienische König, der dem Gedanken einer Intervention durchaus negativ gegenüberstand. Wie leicht konnte aus dem Bürgerkrieg eine internationale Auseinandersetzung, ja sogar ein neuer Weltkrieg entstehen. Und derartigen Entwicklungen war Italien in keiner Weise gewachsen. Aber Graf Ciano sah die Angelegenheit etwas anders. Zunächst einmal, so meinte der italienische Außenminister, ergebe sich hier eine Möglichkeit, die wachsende internationale Bedeutung Italiens in der Welt deutlich zu demonstrieren, und außerdem, so trug er seinem Schwiegervater Mussolini vor, hätten sich ja auch bereits die Franzosen unter Léon Blum für eine massive Unterstützung der Republikaner entschieden. Dieses Argument war wahrscheinlich ausschlaggebend. Mussolini ließ sich überzeugen und entschied, daß möglichst umgehend zwölf als Kampfflugzeuge und Transporter geeignete Maschinen von Sardinien aus nach Spanisch-Marokko geflogen werden sollten.

Zu diesem Zweck boten sich besonders die dreimotorigen Savoia-Marchetti SM 81 an. Die SM 81, in der italienischen Luftwaffe unter der Bezeichnung „Pipistrello" (Fledermaus) bekannt, war ein großräumiges Flugzeug, das sich schon im Abessinien-Krieg in hervorragender Weise bewährt hatte. In Abessinien aber hatte es auf der Feindseite weder moderne Jagdflugzeuge noch entsprechende Erdabwehr gegeben. Wie sich die SM 81 im modernen Luftkrieg bewähren würde, blieb also noch abzuwarten. Grundsätzlich aber hatten die Italiener diesbezüglich wenig Grund zur Sorge: Die Maschine erreichte eine Höchstgeschwindigkeit von 340 kmh. Damit war sie um etwa 20 Prozent schneller als etwa die deutsche Junkers Ju 52. Mit ihrer Reichweite von 2000 km und ihrer Bombenzuladung übertraf die SM 81 die Ju 52 um das Doppelte, und ihre Abwehrbewaffnung bestand aus fünf Maschinengewehren, während man in der Ju 52 mit nur zwei Maschinengewehren das Auslangen finden mußte. Die „Pipistrello" war damals zweifellos eines der besten und modernsten Kampfflugzeuge der Welt, und erst nach dem Eintreffen der russischen Tupoliew SM-2 im Oktober 1936 erhielten die republikanischen Luftstreitkräfte einen Bomber, der leistungsmäßig an die SM 81 heranreichte.

Bevor die „Savoias" von Sardinien aus zum Überführungsflug nach Marokko starteten, wurden sämtliche militärischen Kennzeichen übermalt und die Besatzungen in zivile Fliegerkombinationen eingekleidet. Die geplante Geheimhaltung des Unternehmens mißlang jedoch von Anfang an gründlich: Gleich beim Verlegungsflug der ersten Maschinen am 27. Juli traten an zwei Flugzeugen Motorschäden auf und die italienischen Besatzungen mußten ihre SM 81 auf den Flugplatz von Bekrane in Französisch-Marokko landen. Eine dritte SM 81 stürzte bei Zaida, ebenfalls in Französisch-Marokko ab. Franco entsandte sofort seine eigene Maschine. Die Spanier brachten Uniformen der Spanischen Fremdenlegion, Kartenmaterial und Fluganweisungen mit. Aber es nützte nichts: Die Franzosen wußten sofort Bescheid, mit der Tarnung des Unternehmens war es vorbei, und die beiden in Bekrane gelandeten italienischen Maschinen durften ihren Flug nach Spanisch-Marokko nicht mehr fortsetzen.

Immerhin aber kamen neun SM 81 am 30. Juli wohlbehalten in Tetuan an, wo man sie unverzüglich für den Lufttransport von marokkanischen Truppen über die Straße von Gibraltar nach Spanien einzusetzen begann. Im Mutterland wartete General Queipo de Llano, der Sevilla im Handstreich genommen hatte, schon dringend auf militärische Unterstützung. Noch bevor die ersten „Moros" in Spanien eintrafen, hatte der General die Bevölkerung von Sevilla erfolgreich mit einem Bluff über die wahre Situation hinweggetäuscht: Er ließ einige seiner eigenen Soldaten sich als Marokkaner verkleiden, packte sie auf LKWs und ließ sie kreuz und quer durch die Stadt Sevilla fahren. Dabei mußten die Soldaten sich möglichst laut und auffällig benehmen, unverständliche Worte brüllen und auf jede erdenkliche Weise die Bevölkerung durch ihren Anblick glauben machen, die „wilden Moros" aus Marokko seien schon eingetroffen und Widerstand daher ohne Aussicht auf Erfolg.

Strategisch gesehen, erzielten die Nationalisten ihren größten Erfolg in Südspanien mit der Einnahme von Cadiz, dessen großer Hafen sich in der Folge als idealer Ausladeplatz für das aus dem Ausland kommende Kriegsmaterial erweisen sollte. Die Stadt Cadiz war von dem Marineoffizier Mora de Figueroa in die Gewalt der Nationalisten gebracht worden. Figueroa war von der Regierung wegen seiner zweifelhaften politischen Haltung aus dem Dienst entlassen worden, führte dann die nationalen Kräfte in Cadiz an und brachte bei Ausbruch des Putsches Stadt und Garnison unter seine Kontrolle. Die Lage blieb allerdings zunächst noch sehr unstabil und festigte sich erst nach dem Eintreffen eines „Tabors" (225 Mann) von marokkanischen Soldaten zugunsten von General Franco. Die Marokkaner waren mit dem Zerstörer „Churruca" nach Spanien gebracht worden, und die Situation war zunächst derart verwirrend gewesen, daß die Schiffsbesatzung eigentlich überhaupt nicht recht wußte, was da vor sich ging. Erst als der Zerstörerkommandant einen ähnlichen Truppentransport nochmals durchzuführen versuchte, begriffen die Matrosen die Situation: Die Mannschaft meuterte, tötete alle Schiffsoffiziere und schloß sich dem Schlachtschiff „Jaime I" an, dessen Besatzung – wie übrigens beinahe ausnahmslos die gesamte spanische Kriegsmarine – auf seiten der Republikaner kämpfte. Trotzdem aber wurde eine weitere Kompanie „Moros" in der Nacht des 23. Juli 1936 im Schutz von Dunkelheit und dichten Nebels in kleinen Fischerbooten über die Straße von Gibraltar nach Spanien gebracht.

Noch bevor die ersten italienischen und deutschen Flugzeuge in Marokko eintrafen, hatten übrigens bereits auch die Lufttransporte begonnen, denn General Franco verfügte über drei Breguet- und zwei Dornier-„Wal"-Flugboote der spanischen Luftstreitkräfte, und mit Hilfe dieser Maschinen flog man mehrmals Soldaten und Fracht von

Spanisch-Marokko aus nach Sevilla und nach Jerez. Schon im Verlauf der ersten Wochen des Bürgerkrieges gelangten im improvisierten See- und Lufttransport etwa 800 Mann der „Armee von Afrika" und nicht unbeträchtliche Mengen von Munition und Ausrüstung in das spanische Mutterland. Dort wurden sie unverzüglich den im Raum von Sevilla, Cadiz und Algeciras stehenden Kräften der Nationalisten zugeführt.

Um vier Uhr dreißig am Morgen des 28. Juli 1936 startete die erste der zwanzig den Nationalisten versprochenen deutschen Ju 52 von Stuttgart-Böblingen aus. Am Steuer der Maschine saß Flugkapitän Henke, der schon die Emissäre aus Spanien nach Deutschland gebracht hatte. Vor Henke lag ein anstrengender Flug von zehn Stunden und zwanzig Minuten. Man hatte die für die spanischen Nationalisten bestimmten Transportmaschinen so umgebaut, daß sie insgesamt 3800 l Benzin in den Brennstofftank aufnehmen konnten. Denn nur auf diese Weise vermochten die Flugzeuge den langen Flug von Deutschland nach Marokko ohne Zwischenlandung durchzuführen. Die deutsche Maschine flog zunächst über die Schweiz, dann entlang der italienisch-französischen Grenze und der französisch-spanischen Küste. Der gefährlichste Teil des Fluges führte quer über Spanien bis nach Marokko, wo die Maschine schließlich wohlbehalten landete. Die Flugroute bewährte sich und wurde später auch von den anderen deutschen Flugzeugen bei ihren Verlegungsflügen eingehalten. Als Flugkapitän Henke auf dem Flugplatz von Tetuan schließlich wieder aus der Kabine seiner Ju 52 kletterte, wurde er schon von General Franco erwartet. Während die Maschine schon wieder aufgetankt und startklar gemacht wurde, saßen Franco und Henke beim Begrüßungsmahl. Die Nationalisten aber verloren im übrigen keine Zeit: Schon am 29. Juli 1936 begannen die Transportflüge: 22 marokkanische Soldaten wurden vor jedem Start in den Wellblechrumpf jeder einzelnen Ju 52 gepfercht und erreichten sicher den Boden des spanischen Mutterlandes.

Mit Hilfe der italienischen „Savoias" und der deutschen Ju 52 Transporter wurden im Verlaufe der beiden nächsten Wochen 2500 Soldaten auf dem Luftweg in das Bürgerkriegsgebiet eingeflogen. Mindestens ebenso wichtig aber waren die großen Mengen an Artilleriegranaten, Infanteriemunition und Fliegerbomben, die in dieser Zeit ebenfalls von Marokko aus eingeflogen wurden. Und auch auf den Seetransport konnte man nun wieder zurückgreifen: 2500 Mann wurden per Schiff über die Straße von Gibraltar gesetzt. Die Marineeinheiten der Republikaner brauchte man kaum zu fürchten, denn die Italiener sicherten die Seetransporte aus der Luft.

Vor dem Transport nach Spanien: Marokkanische Soldaten besteigen eine Ju 52. Das Hoheitsabzeichen der Nationalisten, das Andreaskreuz, ist auf dem Flugzeugrumpf deutlich zu erkennen.

Was damals an Personal- und Materialnachschub nach Spanien ging, wurde allerdings von den Nationalisten tatsächlich mehr als dringend benötigt. Denn der Militärputsch hatte nach einer kurzen Zeit des staunenden Erschreckens nicht nur alle politischen Kräfte der Linken in seltener Weise vereint, sondern auch große Teile der spanischen Bevölkerung zu rasender Wut aufgestachelt.

Im Süden des Landes hatten die Nationalisten ihre stärksten Bastionen, und dort hätten sie sich wahrscheinlich auch ohne die auf dem Luft- und Seeweg herangebrachten Verstärkungen behaupten können. Aber ihre Positionen in Nordspanien hätten sie damals mit ziemlicher Sicherheit ohne ausländische Intervention schon bald wieder verloren. So hat zum Beispiel General Mola nach dem Ende des Bürgerkrieges zugegeben, daß ihn letztlich nur ein Fernschreiben General Francos bewogen hatte, den carlistischen Truppen, die damals die Gebirgspässe an den Zugangswegen zur spanischen Hauptstadt hielten, nicht den militärisch notwendigen Rückzugsbefehl zu geben. Was Franco dem General Mola mitteilen ließ, klang tatsächlich beruhigend: „Wir sind Herren der Straße von Gibraltar. Alles geht in Ordnung." Und es stimmte: Schon wenig später erhielten Molas Truppen 600.000 Schuß der aus Beständen der „Armee von Afrika" nachgeführten Infanteriemunition!

Auch die Verlegungsflüge der deutschen Ju 52 gingen übrigens nicht ohne Pannen vor sich. Eine der Transportmaschinen verflog sich auf dem Weg von Deutschland nach Sevilla und landete irrtümlich auf dem Flugplatz von Madrid, also mitten in der republikanisch beherrschten spanischen Hauptstadt. Der Madrider Lufthansa-Repräsentant handelte unverzüglich, und bevor sich die Behörden noch zu einer Entscheidung aufgerafft hatten, flog die deutsche Maschine wieder ab. Die Besatzung verflog sich jedoch neuerlich und landete diesmal auf einem Flugplatz in der Nähe von Badajoz, das damals ebenfalls noch in der Hand von regierungstreuen Kräften war. Diesmal wurde die deutsche Besatzung festgenommen und mitsamt ihrer Maschine, welche die zivile Zulassung „D-AMIM" trug, von einem spanischen Verkehrspiloten nach Madrid zurückgeflogen.

Die deutschen Flieger wurden zusammen mit den Lufthansa-Leuten, die ihnen den Abflug aus Madrid ermöglicht hatten, interniert. Die deutsche Reichsregierung blieb allerdings nicht lange untätig. Man protestierte vehement gegen die „illegale Festhaltung" eines Zivilflugzeuges samt seiner Besatzung und selbstverständlich auch gegen die Festnahme eines „im Ausland beschäftigten Zivilangestellten eines deutschen Unternehmens". Das Flugzeug, so hieß es in den deutschen Protesten, sei eine „rein zivile" Maschine, die mit dem Auftrag nach Spanien entsandt worden sei, dort ansässige Deutsche aus dem Land zu evakuieren. Seitens des deutschen Reiches wurde die sofortige Herausgabe des Flugzeuges und der Besatzung verlangt. Als die spanische Regierung auf das Herausgabebegehren nicht befriedigend reagierte, wurde der zu dieser Zeit gerade in Deutschland befindliche Oberst Luis Riano, der Adjutant des spanischen Staatspräsidenten in Berlin, unter Hausarrest gestellt, um die Spanier auf die Ernsthaftigkeit des deutschen Begehrens deutlich hinzuweisen. Die diplomatischen Streitigkeiten gingen mittlerweile sogar unter Einschaltung der französischen Regierung als Vermittlerin weiter. Die Spanier zeigten sich schließlich bereit, die deutsche Flugzeugbesatzung und den Lufthansa-Repräsentanten freizulassen, falls die Reichsregierung ihre Neutralität im Bürgerkrieg formell erkläre. Das Flugzeug selbst herauszugeben, war man in Madrid nicht bereit; man verpflichtete sich jedoch, das Flugzeug nicht für eigene Zwecke zu verwenden und es in versiegeltem Zustand an seinem Platz zu belassen. Über die Rechtsfrage, so hieß es aus Madrid, solle dann ein internationales Schiedsgericht entscheiden. In Deutschland zeigte man sich mit den Bedingungen der Spanier nicht einverstanden, und der diplomatische Streit ging noch monatelang weiter, bis die noch immer auf dem Madrider Flugplatz befindliche deutsche Maschine schließlich durch Zufall während eines deutschen Bombenangriffes getroffen und zerstört wurde.

Als der Bürgerkrieg in Spanien ausbrach, fand er sofort ein lebhaftes internationales Echo. Dieser Krieg war eine rein ideologische Auseinandersetzung, und die hier mit Waffengewalt aneinandergeratenden Ideologien waren in fast allen übrigen Staaten ebenso vertreten. Es war, als hätten viele Tausend Menschen in aller Welt beinahe auf den Ausbruch dieses Krieges gewartet. In England, Belgien, Frankreich, Holland und in den Vereinigten Staaten bildeten sich beinahe spontan Komitees und andere Organisationen, die für die Sache der Republikaner Geldmittel sammelten und der Spanischen Republik Unterstützung in jeder nur möglichen Form zukommen ließen. Diese Unterstützung erfolgte jedoch tatsächlich fast ohne Ausnahme auf privater Basis und war daher inoffiziell. In Frankreich bemühte sich der bekannte Intellektuelle und Flieger André Malraux – ein Mann, der dem Kommunismus nahestand, aber nicht eingeschriebenes Parteimitglied war – um die Sache der Republikaner. Er richtete einen leidenschaftlichen Appell an alle Flieger, mit ihm nach Spanien zu gehen und dort den Faschismus zu bekämpfen.

Die Republikaner konnten Jäger- und Bomberpiloten recht gut gebrauchen: Schon wenige Wochen später befand sich Malraux im spanischen Alcantrilla und organisierte dort die Luftstreitkräfte für die internationale Brigade. Wer mit Malraux in Spanien gegen den Faschismus fliegen wollte, meldete sich in Paris bei einer unter der Leitung des bekannten Transozean-Fliegers und Abgeordneten der Radikal-Sozialisten Boussutrot stehenden Organisation. Und die Flieger kamen aus aller Welt. Flugzeuge zu beschaffen, war dagegen weitaus schwieriger. Die französischen Rechtsparteien taten ihr möglichstes, um die diesbezüglichen Bestrebungen der Linken zu verhindern. Erst als 140.000 Pfund in Gold aus Madrid in Paris einlangten, entspannte sich die Situation fühlbar.

Bei barem Geld und noch dazu in Gold ließ man die Gesinnung besser schweigen: Die Republikaner bekamen ihre Flugzeuge. Am 5. Au-

Chef der Luftstreitkräfte der „Internationalen Brigade" war der französische Intellektuelle und Flieger André Malraux.

gust 1936 flogen die ersten sechs Dewoitine D 372 Jagdmaschinen vom Flughafen Villecoublay aus in Richtung Madrid ab. Die in den Maschinen sitzenden Piloten brauchten sich keine finanziellen Sorgen zu machen. Sie hatten einen Jahresvertrag mit einer garantierten monatlichen Entlohnung von 50.000 Franc und dazu noch ein schon bei Vertragsabschluß fällig gewesenes Handgeld von 35.000 Franc in der Tasche. Auch in London, New York und in Mexico City warb man Flieger für die Republikaner an. Die Piloten meldeten sich aus den verschiedensten Motiven: Manche waren Idealisten, die nicht nach dem Geld fragten. Andere aber waren Abenteurer und Spekulanten, die nur flogen, wenn die Kasse stimmte. Was sie dann in Spanien erlebten, machte viele von ihnen allerdings doch noch zu überzeugten Anhängern der Sache der Regierungstreuen. Was ihn wirklich erwartete, wußte keiner von denen, die damals irgendwo ihren Vertrag unterschrieben. Sie wußten nicht einmal, welchen Flugzeugtyp sie fliegen sollten, geschweige denn, daß sie sich bald mit hochmodernen deutschen und italienischen Jagdmaschinen am Himmel über Spanien herumschlagen sollten.

Die in Frankreich von den Republikanern gekauften Flugzeuge waren meist Dewoitine-Jagdmaschinen und Kampfflugzeuge der Fabrikate „Potez" und „Block". Die Dewoitine 371/372 war damals das neueste Jagdflugzeug-Modell des berühmten französischen Flugzeug-konstrukteurs Emile Dewoitine. Das Flugzeug ging auf eine ältere Konstruktion zurück, die Dewoitine ursprünglich für die schweizerischen Luftstreitkräfte entworfen hatte, und die nun im Unternehmen von Dewoitine, der „Societé Aeronautique Française", völlig neu überarbeitet worden war. Das Jagdflugzeug flog knapp über 320 kmh, erreichte eine Dienstgipfelhöhe von 9000 m und hatte eine Reichweite von etwa 640 km. Das französische Jagdflugzeug war zwar nicht gerade die Verwirklichung aller aeronautischen Träume, aber es war die beste Maschine, über welche die Republikaner bis zum Eintreffen der ersten russischen Typen vier Monate nach Kriegsbeginn verfügen konnten. „Nur die Hawker Fury war damals ebenso gut wie die Dewoitine", meinte ein englischer Pilot, der im Bürgerkrieg für die Republikaner geflogen war. Das mochte stimmen – aber von der „Fury" besaß man auf Regierungsseite nur eine einzige Maschine!

Da auf seiten der Republikaner bereits zu Beginn des Bürgerkrieges ein kaum zu überbietendes administratives Chaos herrschte, blieben die 28 aus Frankreich eingeflogenen „Dewoitines" im Norden des Landes. Im Süden, wo man die Jäger über der Straße von Gibraltar hätte besser verwenden können, flogen einstweilen die deutschen und italienischen Transporter pausenlos Nachschub und frische Truppen ins Land.

An Bombern wurden damals von Regierungsseite in Frankreich hauptsächlich die „Bloch MB 210" und die „Potez 543" angekauft. Beide Flugzeugtypen waren Mitte der dreißiger Jahre für die französischen Luftstreitkräfte konstruiert worden, und es handelte sich daher um durchaus neue Modelle. Daß der militärische Wert der Maschinen trotzdem nicht gerade hoch anzusetzen war, stand auf einem anderen Blatt. Die „MB 210" war ein zweimotoriger Tiefdecker und besaß – in der damaligen Zeit noch keineswegs eine Selbstverständlichkeit – ein einziehbares Hauptfahrwerk. Die Maschine konnte eine Bombenzuladung von 1600 kg aufnehmen, hatte aber viel zuwenig leistungsstarke Triebwerke, so daß das Kampfflugzeug bei einer Reichweite von nur 965 km die mehr als bescheidene Höchstgeschwindigkeit von etwa 240 kmh erreichte. Kein anderes im Jahre 1936 bei einer modernen Luftwaffe im Einsatz befindliches Kampfflugzeug flog derart langsam. Auch die Dienstgipfelhöhe von etwa 7000 m befriedigte nicht, denn die MB 210 blieb damit durchaus in Reichweite der deutschen Heinkel He 51 und der italienischen Fiat Cr-32 Jäger, mit denen sie sich in Spanien herumschlagen mußte. Trotzdem kaufte die spanische Regierung 35 Maschinen des französischen Bombertyps.

*Oben:* Der französische Ministerpräsident Léon Blum.
*Unten:* Italienische Kampfflugzeuge und Transporter vom Typ Savoia-Marchetti SM 81.

Die „Potez 543" war dagegen wesentlich besser. Sie hatte eine Reichweite von etwa 1200 km, war um 80 kmh schneller als die MB 210 und erreichte die damals sensationelle und für Kampfflugzeuge konkurrenzlose Dienstgipfelhöhe von etwa 10.000 m. Damit war die „Potez" um etwa 16 kmh schneller als die Ju 52, erreichte aber mit einer vergleichbaren Bombenlast eine um etwa 3600 m höhere Dienstgipfelhöhe. Diesen Werten stand als einziger Nachteil eine um etwa 80 km geringere Reichweite gegenüber. Zur Abwehr verfügte die „Potez" über fünf Maschinengewehre, während die Deutschen in der Junkers Ju 52 nur jeweils zwei Maschinengewehre hatten. Von der spanischen Regierung wurden insgesamt 53 „Potez 543" angekauft.

Den Russen fiel zunächst die Entscheidung, ob sie die Republikaner mit Waffen und sonstigem Kriegsgerät unterstützen sollten, durchaus nicht so leicht, wie man vielleicht annehmen sollte. Entscheidend war die Überlegung, ob eine russische Intervention in Spanien der UdSSR selbst Vorteile bringen konnte. Das war der Leitgedanke, an den sich Stalin hielt. Internationale kommunistische Solidarität war selbstverständlich eine gute Sache und ein hohes Ideal – aber auch den russischen Kommunisten war das Hemd allemal näher als der Rock. „Was gut ist für Rußland, ist auch gut für die Welt" – mehr durfte man sich aus Moskau nicht erwarten. Es wird vielfach auch heute noch allgemein angenommen, daß der Spanische Bürgerkrieg nichts anderes war als die Auseinandersetzung zwischen faschistischen Putschisten und einer kommunistischen und moskauhörigen Regierung. In Wirklichkeit erhoben sich die Militärs gegen eine ziemlich unfähige Linkskoalition, die das Land nicht wirksam zu regieren verstand. Erst als der als Blitzunternehmen geplante Militärputsch zunächst einmal fehlschlug, begannen jene Parteien allmählich die politische Szene Spaniens zu beherrschen, die ihre rechte oder linke Ideologie aus dem Ausland bezogen und die Heimat nach der jeweiligen „Importideologie" neu aufzubauen beabsichtigten. Und erst als diese Entwicklung deutlich sichtbar wurde, entschlossen sich – allerdings ausschließlich im eigenen Interesse – ausländische Staaten wie Italien, Deutschland, Frankreich und Sowjetrußland zur wirklich massiven militärischen Intervention.

Genau diese Maxime war es, nach welcher die Interventionsmächte schließlich handelten. Stalin und die Sowjetunion waren an einer schnellen Beendigung des Bürgerkrieges in keiner Weise interessiert. Wenn sich die militärischen Kräfte von England und Frankreich einerseits und von Italien und Deutschland anderseits in langwierigen und heftigen Auseinandersetzungen abnützten, konnte das dem „Vaterland aller Werktätigen" nur recht sein. Ein schneller Sieg der spani-

*Oben:* Jagdflugzeug Heinkel He 51. Die He 51 war das Standard-Jagdflugzeug der Legion Condor. Die Maschine war den russischen Polikarpov I-15-Jägern stark unterlegen.

*Unten:* Die von den Deutschen während des Zweiten Weltkrieges verwendete Heinkel He 111 wurde als Kampfflugzeug bereits im Spanischen Bürgerkrieg erprobt. Das Foto zeigt eine Maschine der Baureihe B.

Josef Stalin

schen Republikaner über die Nationalisten paßte der Sowjetunion aber ebensowenig ins Konzept wie ein Sieg der Nationalisten über die Regierungskräfte. Stalin entschied sich also zunächst nur für die Lieferung von Nahrungsmitteln und Rohmaterialien für die republikanische Seite. Die Transportkisten und ihr Inhalt waren deutlich als aus der UdSSR stammend gekennzeichnet: Die spanischen Werktätigen sollten deutlich sehen können, wo ihre wahren Freunde saßen. Waffen, so entschied Stalin, durften nicht geliefert werden, denn dadurch konnte die militärische Auseinandersetzung vielleicht allzu schnell zugunsten der regierungstreuen Kräfte entschieden werden. Die relativ schwache und unbefriedigend organisierte spanische kommunistische Partei anläßlich des Bürgerkrieges durch die Entsendung von einigen tüchtigen russischen Funktionären etwas schlagkräftiger zu gestalten, entsprach jedoch durchaus der politischen Generallinie der Sowjetunion. Als vier Monate nach Ausbruch des Bürgerkrieges die spanischen Goldreserven von der Regierung nach Moskau geschickt wurden, änderte Stalin seine Meinung. Wenn die Spanier dafür bezahlten, konnten sie haben, was sie brauchten: Jagdflugzeuge, Bomber und Piloten dazu.

Auch in Großbritannien stießen die politischen Ansichten heftig aufeinander. Die Rechtsparteien fürchteten die Etablierung eines

Der amerikanische Präsident Franklin Delano Roosevelt.

kommunistischen Regimes nach russischem Vorbild in Spanien, die Linken dagegen sahen die beängstigenden Folgen des schon in Spanien erkennbaren Bündnisses des faschistischen Italien mit dem nationalsozialistischen Deutschland. Nur die kommunistische Partei Englands wurde allerdings wirklich aktiv und sorgte für die Entsendung von Freiwilligen nach Spanien. Zunächst glaubte man in England im allgemeinen, daß „der Putsch des General Franco" innerhalb weniger Tage erfolglos enden werde. Aber die Zeitschrift „The Spectator" schrieb bereits damals mit bemerkenswerter Voraussicht, daß „der Eindruck entstehe, Spanien werde nun wohl eine längere Periode der Gewalt und vielleicht sogar echten Terror erleben".

Ein oder zwei Wochen nach dem Besuch des französischen Ministerpräsidenten in London und als die französischen Flugzeuglieferungen nach Spanien eben anliefen, schrieb „The Spectator" – diesmal offenbar wesentlich weniger gut informiert: „Monsieur Blum hat mit seiner Entscheidung, nicht in Spanien zu intervenieren, wieder einmal jene politische Klugheit bewiesen, für die er bekannt ist." Der Gedanke der Nichtintervention war in England sehr stark. Mehr als in vielen anderen Staaten fürchtete man in Großbritannien damals bereits den Ausbruch eines neuen Weltkrieges.

In den USA war 1936 ein Wahljahr, und Präsident F. D. Roosevelt hatte deshalb wenig Zeit für europäische Angelegenheiten. Dennoch hörte er unangenehm berührt die Neuigkeit, die der US-Botschafter Claude Bowers aus Madrid berichtete: Das Deutsche Reich intervenierte militärisch in der innerspanischen Auseinandersetzung!

Am 5. August 1936 schrieb Roosevelt einen Brief an William E. Dodd, den amerikanischen Botschafter in Berlin. Was würde, so fragte der Präsident seinen Botschafter, geschehen, wenn sich beispielsweise der Präsident der USA und der deutsche Reichskanzler zu persönlichen und vertraulichen Gesprächen träfen, um die deutschen außenpolitischen Zielvorstellungen für einen bestimmten Zeitraum – etwa für die nächsten zehn Jahre – einvernehmlich abzuklären. Wäre Hitler unter solchen Umständen für den Gedanken einer weltweiten Rüstungsbeschränkung zu gewinnen? Dodd konnte seinem Präsidenten nur wenig Positives zu dieser Anfrage berichten. Es wäre durchaus nicht auszuschließen, daß Hitler an einer Friedenskonferenz teilnehmen würde, wohl aber nur dann, wenn man zunächst Einverständnis darüber erzielen könne, daß der ehemalige italienische und deutsche Kolonialbesitz in seinem gesamten Umfang restituiert werde und außerdem eine offizielle Verurteilung der sowjetrussischen Politik erfolge. Die Friedenskonferenz fand daher nicht statt.

Wie auch in England ging in den USA eine große Welle der Sympathie für die spanischen Republikaner durch das Land. Die öffentliche Meinung war deutlich gegen Franco und die Nationalisten. Von der Öffentlichkeit weniger beachtet, machten sich jedoch in den USA antikommunistische und vor allem sehr kapitalkräftige Gruppen schon sehr bald daran, die Nationalisten tatkräftig zu unterstützen. Nach Abschluß des Bürgerkrieges wurde von nationalistischer Seite sogar zugegeben, daß die Lieferung von amerikanischen Kraftfahrzeugen und Treibstoff für den siegreichen Ausgang des Konfliktes von unschätzbarer Bedeutung war.

Was als schneller Staatsstreich der Rechten geplant gewesen war, wurde zu einem blutigen Bürgerkrieg. Spanien bot sich für viele Staaten der Welt als ideale Probierbühne für die kommende große Tragödie des Zweiten Weltkrieges an. Und was der französische Premier Léon Blum knapp nach Ausbruch der Feindseligkeiten in Spanien gesagt hatte, erwies sich als völlig richtig: „In Europa", so meinte Blum, „darf es keinen Kreuzzug der Ideale geben. Denn dann ist der Krieg unvermeidlich."

# Begeisterte Amateure

Als der Luftwaffen-Leutnant Max Hoyos am 26. Juli 1936 nach dem Ende seines Urlaubs wieder den Dienst antrat, wurde ihm mitgeteilt, er möge sich sofort beim Kommandanten des Fliegerhorstes melden. Anstatt sich, wie üblich, ein wenig nach dem Wohlbefinden der Familie zu erkundigen, sagte der Vorgesetzte: „Der Führer hat entschieden, daß wir General Franco in Spanien im Kampfe gegen den Bolschewismus beizustehen haben. Es sind Truppentransporte von Spanisch-Marokko nach Spanien durchzuführen, und wir haben hier zu diesem Zweck zehn komplette Besatzungen zu stellen. Herr Leutnant, ich nehme an, daß Sie sich als Freiwilliger zu diesem Unternehmen zu melden wünschen!"

Etwas anderes als „Jawohl" konnte Hoyos kaum sagen.

„Gut. Sie kaufen sich also morgen vormittag Zivilzeug und alles, was Sie sonst noch brauchen. Melden Sie sich vorher beim Zahlmeister, er wird Ihnen das nötige Geld ausfolgen. Wenn das erledigt ist, fahren Sie anschließend mit drei Kameraden nach Döberitz und melden sich dort gemeinsam bei Herrn Major von Scheele vom Richthofen-Geschwader!"

Hoyos hatte verstanden. Sein Vorgesetzter sprach weiter: „Noch etwas, Hoyos – es ist von äußerster Wichtigkeit, daß die Anwesenheit deutscher Flieger in Spanien vollständig geheim bleibt. Sie dürfen nicht das geringste bei sich haben, das Sie als Offizier der deutschen Luftwaffe ausweisen könnte. Außerdem müssen Sie noch eine Erklärung unterschreiben, in der Sie sich zur vollständigen Geheimhaltung verpflichten. Sie dürfen mit niemandem über Ihren Auftrag sprechen. Nicht einmal mit Ihrer Familie! Haben Sie mich verstanden?"

Hoyos begriff recht gut. „Also gut." Jetzt wurde das Gespräch endlich etwas persönlicher. „Leben Sie wohl und viel Glück auf den Weg. Ich erwarte, daß Sie sich mit Ihren Kameraden in drei Wochen wohlbehalten und braungebrannt zum Dienst zurückmelden."

Schon am nächsten Tag meldete sich Hoyos, wie befohlen, in Döberitz und stellte fest, daß man insgesamt etwa 80 Luftwaffenangehörige von den verschiedensten Jagd- und Kampffliegerverbänden zu dieser Sonderaufgabe abkommandiert hatte. General Wilberg verlas vor angetretener Front ein Telegramm Adolf Hitlers: „Führer hat zur Unterstützung eines jetzt unter den verzweifeltsten Umständen lebenden Volkes und zu seiner Errettung vor dem Bolschewismus entschieden. Aus diesem Grunde deutsche Hilfe. Aus internationalen Rücksichten offener Beistand ausgeschlossen, daher geheime Unterstützungsaktion notwendig."

Das war alles. Aber dieser Führerentscheid genügte bereits für die Entsendung von deutschen Fliegern und von Bodenpersonal nach Spanien. Das Ganze mußte selbstverständlich völlig geheim bleiben, und zu diesem Zweck, so wurde befohlen, mußte das ganze Kommando als Gruppe von Fotografen, Technikern und Kaufleuten getarnt werden, die sich zu einer Urlaubsfahrt auf einem „Kraft-durch-Freude"-Schiff zufällig zusammengefunden hatte. Den Familien daheim, so wurde angeordnet, dürfte mitgeteilt werden, daß man sich zu einem „Sondereinsatz" in Deutschland befinde. Auch Briefe von daheim könne man empfangen, diese seien aber mit dem Zusatz „bei Max Winkler, Berlin SW 68" zu versehen. Das war gut geplant und funktionierte völlig klaglos: In den nächsten zweieinhalb Jahren lief die gesamte private Korrespondenz aller in Spanien befindlichen deutschen Soldaten über diese Berliner Deckadresse. Briefe aus Spanien wurden geöffnet, mit neuen Kuverts versehen, wieder beschriftet und schließlich mit dem Poststempel „Berlin" versehen an die Adressaten weitergeleitet.

Am Freitag, dem 31. Juli 1936, wurden die zukünftigen Spanienkämpfer in Döberitz nochmals von General Wilberg und General Milch besichtigt. Milch hielt eine zündende Ansprache, und noch in der Nacht des 31. Juli wurden die Freiwilligen im Lehrter Bahnhof in Berlin in einen Sonderzug verladen. Am Samstag, dem 1. August, traf der Zug in Hamburg ein, und sie gingen an Bord des der „Woermann-Linie" gehörenden 22.000-Tonnen-Frachtschiffes „Usaramo".

Das Schiff sollte neben den fliegenden und dem Wartungspersonal sechs Heinkel He 51 Jagdflugzeuge samt Ersatzteilen, elf Junkers Ju 52 Transporter und Bomber, ebenfalls mit Ersatzteilen, und außerdem 2 cm-Fliegerabwehrgeschütze, Munition, Bomben, Sanitätsmaterial und zwei Funkstationen – eine für den Langwellen- und eine für den Kurzwellenbereich – nach Spanien bringen. Noch vor der Verpackung der zerlegten Flugzeuge in die entsprechenden Transportkollis waren sämtliche militärischen Kennzeichen in den Junkers-Werken in

Dessau von den Maschinen entfernt worden. Auch die 2 cm-Flakgeschütze waren zerlegt und in Kisten verpackt worden, die man zur Tarnung mit der Aufschrift „Möbel-Übersiedlungstransport" versehen hatte. (Die immer wieder verbreitete Erzählung, daß diese Kisten die Aufschrift „Diese Kiste enthält NICHT Geschütze und Bomben, sondern ausschließlich ausgezeichnete deutsche Möbel" getragen hätten, ist vielleicht originell, aber keinesfalls zutreffend.)

Die Passagiere erregten die Aufmerksamkeit der Schiffsbesatzung: stramme junge Männer, denen man die soldatische Haltung trotz ihrer Zivilkleidung auf Schritt und Tritt ansah. So verbreitete sich bald das Gerücht, bei den Passagieren handle es sich um ein Sonderkommando mit dem Auftrag, eine der nach dem Weltkrieg verlorenen Kolonien für das Deutsche Reich zurückzugewinnen. Viele Matrosen waren darüber so begeistert, daß sie sich freiwillig – aber selbstverständlich erfolglos – für eine Beteiligung an dem vermeintlichen Kolonialunternehmen meldeten.

An Bord der „Usaramo" befanden sich insgesamt 91 für den Einsatz in Spanien bestimmte Deutsche: zehn komplette Besatzungen für Ju 52 Bomber und Transporter, sechs Jagdfliegerpiloten für die ebenfalls auf dem Schiff verladenen He 51, technisches Wartungspersonal, Funker, ein Sanitätsoffizier samt Gehilfen und schließlich noch fünf Zivilisten mit Verbindungsaufgaben.

Gleich am ersten Reisetag platzte übrigens der Traum von der vergnüglichen Erholungsfahrt. Um sechs Uhr war allgemeines Wecken, und wenig später ging der Dienstbetrieb los. Man teilte Arbeitsgruppen ein, und jeder wurde beschäftigt: Küchendienst, Wacheschieben – überhaupt alles, was das militärische Leben so beliebt und abwechslungsreich macht. Und anschließend Freiübungen, damit man in Übung blieb. Das ganze Schiff wurde auf Hochglanz hergerichtet, es wurde geputzt und gescheuert, bis die „Usaramo" aussah wie eine schwimmende Kaserne vor der Besichtigung durch den Kommandierenden General.

Bevor die „Usaramo" noch den Hafen von Hamburg verlassen hatte, war kommunistischen Verladearbeitern das Schiff verdächtig vorgekommen und sie hatten eine der scheinbar so harmlosen Packkisten beim Einladen „zufällig" aus dem Haltegeschirr stürzen lassen. Die Kiste zerbrach und gab ihren Inhalt preis: Auf dem Verladepier lagen Fliegerbomben und Munition. Als Ergebnis wartete das Schlachtschiff „Jaime I" schon auf den deutschen Frachter. Am 6. August 1936 lief die „Usaramo" durch die Straße von Gibraltar, änderte dann plötzlich ihren Kurs mit einer scharfen Drehung nach steuerbord und fuhr mit

Eine Junkers Ju 52 auf einem Flugplatz in der Nähe von Sevilla.

voller Kraft auf den Hafen von Cadiz zu. Sie wurde von der „Jaime I"
zum Halten und Beidrehen aufgefordert. Der deutsche Kapitän aber
mißachtete den Befehl aus verständlichen Gründen und ließ sein Schiff
weiterhin mit Höchstgeschwindigkeit in Richtung Cadiz weiterlaufen.
Das spanische Schlachtschiff eröffnete daraufhin das Feuer, traf die
„Usaramo" aber nicht. Die Granaten explodierten sämtlich als Weitschüsse wirkungslos im Meer, und der Frachter lief schließlich mit
Volldampf in den schützenden Bereich der nationalistischen Küsten-
batterien ein. Auf der „Jaime I" fehlten erfahrene Feuerleitoffiziere:
Das Schiff hatte bei Ausbruch des Bürgerkrieges in Valencia gelegen.
Als die Nachricht vom Militärputsch kam, hatte die Besatzung sich gegen die Offiziere erhoben und sie in den Schiffsarrest gesteckt. Damit
blieb das Schiff zwar in der Hand der regierungstreuen Mannschaften,
war durch das Fehlen des geeigneten Führungspersonals aber nur noch
bedingt einsatzbereit.

Die Deutschen gingen in Cadiz von Bord und wurden anschließend im Sonderzug nach Sevilla befördert. Nach eingehenden Besprechungen mit Bevollmächtigten der Generale Franco und Mola wurde zunächst einmal über die organisatorische Gliederung der deutschen Unterstützungskräfte entschieden.

Es wurden gebildet:

1. Die Transportgruppe: Diese bestand aus elf Ju 52 und sollte auf dem Flugplatz von Tetuan in Spanisch-Marokko eingerichtet werden. Den Befehl führte Oberleutnant von Moreau.

2. Die Bomber-Gruppe: Die noch verbleibenden neun Junkers Ju 52 sollten zu Kampfflugzeugen (Bomber) umgerüstet werden und unter der Bezeichnung „Escuadra B" auf dem Flugplatz Tablada bei Sevilla stationiert werden. Die Einsätze selbst, so wurde beschlossen, sollten von Spaniern geflogen werden, und die Deutschen sollten sich nur auf Ausbildungsaufgaben beschränken. Verantwortlicher Offizier für die Bomber-Gruppe war Flugkapitän Henke.

3. Die Jagdgruppe: Auch die ersten Heinkel He 51 Jagdmaschinen wurden in Tablada, dem Militärflugplatz von Sevilla, stationiert. Man plante damals, auch die He 51 ausschließlich von spanischen Piloten fliegen zu lassen, und brachte die Jagdflugzeuge noch im zerlegten Zustand nach Tablada, wo sie vom deutschen Personal zusammengebaut wurden. Für den Zusammenbau der Maschinen und für die Ausbildung der spanischen Piloten war Hauptmann von Houwald verantwortlich.

4. Die Flak-Ausbildungsgruppe: Auch die Flugabwehrgeschütze sollten nach entsprechender Einschulung ausschließlich von spanischen Soldaten bedient werden. Als deutscher Ausbildungsoffizier war Leutnant Hermann eingeteilt.

5. Die Bodengruppe und die Horstkompanie: Hier handelte es sich eigentlich um eine Infanterie-Einheit zur Bewachung der Flugfelder, Abstellhallen und des Fluggerätes. Kommandant der Einheit war Leutnant Eberhard.

Zur Unterbringung wurden die Deutschen in drei Gruppen aufgeteilt: Für die Offiziere und das zivile Personal wurde das Hotel Cristina in Sevilla beschlagnahmt. Fliegendes Personal – soweit es sich nicht um Offiziersdienstgrade handelte – und nichtfliegendes Luftwaffenpersonal wurden in deutschen Pensionen in und außerhalb von Sevilla untergebracht, und die Mechaniker, sonstiges Wartungspersonal und die Bewachungsmannschaften lagen in Baracken unmittelbar am Flugplatz.

Die Beziehungen zwischen den Deutschen und den Spaniern waren weniger herzlich als erwartet. Das lag teilweise an dem doch sehr fühlbaren Unterschied der nationalen Temperamente und nicht zuletzt auch an einer sehr natürlichen Eifersucht der spanischen Offiziere ihren deutschen Kameraden gegenüber. Jeder deutsche Soldat, der in Spanien Dienst versah, wurde automatisch zum nächsthöheren Dienstgrad befördert. Das bedingte selbstverständlich auch eine Erhöhung des Soldes. Die Spanier fühlten sich deklassiert: Ihre deutschen Verbündeten hatten mehr Geld als sie selbst, sie trugen zwar braune Uniformen, die den spanischen ähnlich waren, doch zeichneten sich die deutschen Uniformstücke durch bessere Tuchqualität, bessere Paßform und optisch günstigeren Schnitt aus. Überdies zeigten die Deutschen deutlich, daß sie sich den Spaniern in jeder Hinsicht überlegen fühlten.

Das Hotel Cristina wurde fast zu einem Stück Deutschland. An den Eingängen standen deutsche Soldaten Wache, und wer das Hotel betreten wollte, mußte sich deutschen Sicherheitsleuten gegenüber ausweisen. Man speiste ausgezeichnet im „Cristina", und die Menüs mit zehn Gängen waren nicht gerade das, was die jungen deutschen Offiziere bisher gewohnt gewesen waren.

Als die Zahl der aus dem Reich nach Spanien kommenden Soldaten schließlich immer weiter anstieg, mietete man die beiden größten Bordelle der Stadt Sevilla ausschließlich für deutsche Gäste. Gleichzeitig begann man, die Prostituierten strengen Gesundheitskontrollen zu unterziehen, und sorgte auch für Ordnung und Sauberkeit in den Etablissements selbst. Das Bordellviertel von Sevilla liegt in der Gegend um die großen öffentlichen Gärten von Alameda de Hercules, in deren Zentrum eine riesenhafte Herkules-Statue stand. Der Soldatenhumor bemächtigte sich dieser Gegebenheit sofort: Wenn man sich in die Liste für den Bordellbesuch eintrug, nannte man das „sich zu einem Besuch bei Herkules melden". Dem Bordellbesuch fehlte allerdings selbst der kleinste und bescheidenste Anstrich von Intimität: Wenn es soweit war, marschierte man in Kolonne geschlossen zu dem in Frage kommenden Bordell. Wenn dort gerade Hochbetrieb herrschte, so hatte man sich in Reihe anzustellen, bis endlich eine „Dame" frei wurde. Soweit sie dazu imstande waren, amüsierten sich die spanischen Prostituierten über diese militärisch-disziplinierten Sexualeinsätze der deutschen Soldaten geradezu königlich. Derartiges war bis dahin in Spanien unvorstellbar gewesen.

In der ersten Woche nach der Ankunft der „Usaramo" in Cadiz hatte man ganz andere Sorgen. Im Vordergrund stand die Ausbildung der spanischen Flieger und der Flak-Soldaten, die die per Schiff in Richtung Lissabon bereits unterwegs befindlichen 8,8 cm-Flakgeschütze übernehmen sollten, von wo sie auf dem Landweg weitertransportiert werden sollten.

Die Wartung der Ju 52 Transporter wurde übrigens nach Beginn der Einsätze nicht von Angehörigen der deutschen Luftwaffe durchgeführt, weil man einfach über zu wenig Fachpersonal verfügte. Zum Glück konnte die Lufthansa in Sevilla einspringen: Die Ju 52 wurden von zivilem Fachpersonal gewartet. Das gab keine Probleme, weil man bei der Lufthansa die Ju 52 damals auch als Zivilreiseflugzeug verwendete. Große Schwierigkeiten gab es dagegen mit dem Zusammenbau der He 51 Jagdmaschinen.

Hauptmann von Houwald, der Verantwortliche der „Jagdgruppe", sah sich nicht nur ständig von allzu wißbegierigen spanischen Fliegeroffizieren umgeben, die ihn überdies auch noch zur Eile beim Zusammenbau der Maschinen anzutreiben versuchten, sondern er mußte zu allem Überfluß auch noch feststellen, daß nicht alle Bestandteile der zerlegten Maschinen vorhanden waren. Zum Glück aber erwies sich Leutnant Eberhard als Meister der Improvisation, so daß die Deutschen schließlich doch alle He 51 flugfertig zusammenbauen konnten. Von Houwald flog jede Maschine persönlich von Tablada nach Escalona: Die Spanier sollten sich nicht beklagen können, daß die Deutschen ihnen das Gerät nicht einsatzbereit geliefert hätten. In Escalona übernahmen spanische Piloten die deutschen Doppeldecker. Fünf He 51 waren flugbereit. Als die Spanier am Tag nach der Übernahme die Maschinen erstmals flogen, „bauten" zwei Piloten gleich nach dem Start Bruchlandungen. Drei Maschinen kamen erfolgreich in die Luft, flogen einige Runden und kehrten wieder zum Platz zurück. Von Houwald wagte kaum hinzusehen: Die Spanier setzten die Maschinen bei der Landung derart hart auf den Boden auf, daß nur die „ausgezeichnete deutsche Werkmannsarbeit" – wie es in der diesbezüglichen Meldung später hieß – das Schlimmste verhinderte. Aufgrund des Berichts wurde beschlossen, die Spanier die deutschen Jagdmaschinen erst fliegen zu lassen, wenn sie die nötige Ausbildung hätten. Als einzige Lösung blieb der Einsatz von deutschen Jägerpiloten. Berlin stimmte dem Vorschlag zu.

Inzwischen funktionierte der Transportbetrieb der Junkers Ju 52 ausgezeichnet. In praktisch ununterbrochener Reihenfolge flogen die deutschen Ju 52 marokkanische Truppen aus Tetuan nach Jerez de la Frontera beziehungsweise nach Sevilla. Die Flugzeit nach Sevilla war aber zu lang, und so wurde eine zusätzliche Start- und Landepiste in der Nähe von Cadiz angelegt. Als die Piste fertig war, wurden die Flüge nach Sevilla eingestellt, und die Flugzeit von Marokko nach Spanien sank von ursprünglich mehr als einer Stunde auf etwa 40 Minuten. Üblicherweise begann der Flugbetrieb im ersten Morgengrauen und dauerte ununterbrochen bis etwa elf Uhr am Vormittag. Dann trat eine Pause ein, und ab etwa sechzehn Uhr flogen die Maschinen wieder ohne Unterbrechung bis zum Einbruch der Abenddämmerung. Die verhältnismäßig lange Unterbrechung des Flugbetriebes war ausschließlich auf atmosphärische Bedingungen zurückzuführen, denn zu dieser Zeit ist es über der Straße von Gibraltar regelmäßig derart böig, daß etwa 70 Prozent der in den Maschine befindlichen „Moros" von schwerer Übelkeit erfaßt wurden. Sie saßen enggedrängt, die Knie zum Kinn hochgezogen, in den Wellblechrümpfen der Transportmaschinen. Und wenn dem ersten anfing, übel zu werden, gab es meist kein Halten mehr . . . Trotzdem mußten deutsche Wachen in Tetuan die Marokkaner mit Gewalt von den startbereiten Maschinen zurückhalten, sonst hätten sie die Transporter gestürmt.

Abends entzündeten die Wartenden große Lagerfeuer und sangen ohne Unterbrechung ihre beinahe endlosen Kriegslieder. Vor dem Abflug wurden die „Moros" dann regelmäßig noch ausreichend verpflegt, so daß man sie gleich nach der Landung in Spanien zur weiteren Verwendung einteilen konnte.

Da tagsüber meist keine Zeit blieb, wurden die Transportmaschinen in der Regel nachts im Scheinwerferlicht von LKWs gewartet. Die Autos ließen dabei ihre Motoren laufen. Dadurch konnten sich die Batterien regelmäßig aufladen, dafür aber überhitzten sich oft die auf dem Stand laufenden Aggregate.

In der Woche ab dem 10. August 1936 wurden insgesamt 2853 Soldaten und neun Tonnen Kriegsmaterial über die Luftbrücke nach Spanien befördert. Dann wechselten die Prioritäten. General Mola brauchte dringend Munition. In der zweiten Woche wurden daher annähernd zwölf Tonnen Munition aus Beständen der „Armee von Afrika" eingeflogen, dafür aber ging die Zahl der transportierten Soldaten in diesem Zeitraum auf nur 698 zurück. Am 30. August konnte man die erste Bilanz ziehen: Während der bis dahin zwanzigtägigen Dauer der Luftbrücke hatte man bereits 4824 Soldaten und genau 54.942 kg Kriegsmaterial transportiert! Nur mit Hilfe der eingeflogenen Soldaten und Militärgüter konnten die Nationalisten in dieser Zeit ihre Position halten.

Die pausenlosen Transportflüge verschlangen allerdings ungeheure Kraftstoffmengen. Zunächst wurden die in Marokko lagernden spanischen Militärbestände verbraucht, dann behalf man sich mit privaten Benzinvorräten, und schließlich gelang es den Nationalisten sogar, von der französischen Luftwaffenbasis in Tanger Kraftstoff anzukaufen. Der aus privaten Quellen beschaffte Kraftstoff war allerdings oft als Flugbenzin ziemlich ungeeignet, da er nicht hochoktanig genug war. Also behalf man sich, indem man das Benzin mit Benzolzugaben versetzte. Genaue Mischungs- und Meßmöglichkeiten gab es dabei nicht: Das Bodenpersonal war auf das bloße Schätzungsvermögen angewiesen, und die vollen Fässer wurden so lange auf dem Boden hin- und hergerollt, bis man hoffen durfte, daß sich die Kraftstoffbestandteile richtig vermischt hatten. Die Benzinkrise wurde erst gelöst, als der deutsche Tanker „Kamerun" kostbaren hochoktanigen Flugzeugtreibstoff aus Deutschland nach Cadiz brachte. Die „Kamerun" war von Hamburg ausgelaufen, und die Frachtpapiere waren zur Tarnung für einen Empfänger in Genua ausgestellt. Die „Kamerun" legte am 13. August an, als es nur noch für einen Tag Flugbenzin für die Ju 52 gab. Drei Tage später lief ein italienisches Tankschiff mit Flugbenzin in Cadiz ein. Und kurze Zeit später sorgte das deutsche Reichsluftfahrtministerium für das Eintreffen von weiteren 1500 Fässern Treibstoff und für 170 Fässer Schmieröl. Die Versorgungskrise war damit gebannt.

Vor dem Einlangen moderner Militärflugzeuge aus Deutschland und Italien mußten sich die nationalistischen Flieger mit dem behelfen, was sie vorfanden: Sie flogen die großteils schon recht antiquierten Maschinen, die sie – soweit diese nicht in den ersten Tagen der Militärrevolte vom Bodenpersonal selbst unbrauchbar gemacht worden waren – auf den Flugplätzen der spanischen Luftstreitkräfte in den von Franco-Truppen besetzten Gebieten des Mutterlandes vorfanden. Im Süden des Landes fielen ihnen drei Fokker F VII/3 m Bomber und insgesamt 15 Breguet XIX in die Hände. Eine der von der spanischen Zivilluftfahrtslinie für den Streckenverkehr zwischen Madrid und Paris eingesetzten DC-2 Maschinen befand sich am 17. Juli 1936 zufällig auf dem Flugplatz von Sevilla und wurde dort sofort von dem Hauptmann Vara de Rey für die nationalspanischen Luftstreitkräfte beschlagnahmt. Vara de Rey flog die DC-2 zunächst als Transporter im Rahmen der Luftbrücke aus Marokko, ließ die Maschine dann aber bald als Kampfflugzeug herrichten: An den Rumpffenstern wurden Maschinengewehre eingebaut, und die Passagiersitze ersetzte man durch eine improvisierte Bombenabwurf-Einrichtung. Der spanische Hauptmann flog seine Einsätze zusammen mit zwei Bordmechanikern. Die Verständigung erfolgte mit Hilfe einer an der Kanzeldecke befestigten

Marokkanische Soldaten der „Armee von Afrika" warten vor deutschen Ju 52-Transportern auf den Überflug.

Kuhglocke. Einmaliges kurzes Läuten bedeutete „Fertigmachen zum Bombenabwurf", zweimaliges Läuten galt als Abwurfsignal. Läutete Vara de Rey die Glocke ununterbrochen, wußten die Mechaniker, daß sie nun alle an Bord befindlichen Bomben abzuwerfen hatten. Wenn die Kuhglocke zweimal kurz und scharf anschlug, hieß das „An die Maschinengewehre". Nach dem Eintreffen geeigneter Junkers- und Savoia-Kampfflugzeuge aus Deutschland und Italien wurde die DC-2 von den Nationalisten dann wieder als persönliche Reisemaschine für General Franco ausgerüstet. Die restlichen drei in spanischem Besitz befindlichen DC-2 blieben in republikanischer Hand und wurden ebenfalls als Behelfsbomber eingesetzt. Schon am 20. Juli 1936 bombardierte eine republikanische DC-2 den Flughafen von Sevilla.   Unter den jungen Spaniern, die erst bei Kriegsbeginn die Kunst des Fliegens erlernten und später ausgezeichnete Piloten wurden, war der Herzog von Lerma, José Larios. Noch bevor er selbst jemals eine Stunde Flugunterricht erhalten hatte, machte er schon als Bombenschütze Einsätze in einer Breguet XIX mit. Er saß auf dem hinteren Beobachtersitz und löste mittels Drahtzug die außen am Rumpf hängenden Bomben aus. Da es kaum Zielgeräte gab, war man beim Abwurf auf bloße Schätzungen angewiesen. Wenn der Seilzug klemmte, wurden die Bomben selbstverständlich nicht ausgelöst – was dann allerdings bei der Landung nach dem Rückflug mit den locker am Rumpf aufgehängten Bomben geschah, war niemals genau vorauszusehen . . . Wenn die Republikaner gleich zu Beginn des Bürgerkrieges ihre Dewoitine-Jäger in der Gegend von Sevilla anstatt im Norden des Landes eingesetzt hätten, wäre es um die veralteten Maschinen der Nationalisten wahrscheinlich ziemlich schlecht bestellt gewesen.

Der erste nationalspanische Kampffliegerverband wurde im August 1936 auf der Luftwaffenbasis Tablada gebildet und bestand aus neun Junkers Ju 52. Der Verband trug die Bezeichnung „Escuadra B" und war in drei „escuadrillas" zu je drei Maschinen gegliedert. Die spanischen Besatzungen wurden von den Deutschen ausgebildet und lernten „auf die harte Tour": über Feindesland und beim Bombenabwurf auf Eisenbahnknotenpunkte, Züge und Fahrzeugkolonnen der Republikaner. Einer der spanischen Bombenschützen beschrieb die Schwierigkeiten in der Zeit, bevor die Ju 52 ordentliche Bombenabwurf-Vorrichtungen eingebaut erhielten:

„Mein Platz war in einem an Streben frei unter dem Rumpf zwischen dem Fahrwerk hängenden kübelähnlichen Behälter. Es gab ein Maschinengewehr zur Abwehr und vorne eine kleine durchsichtige Windschutzscheibe, und im Winter fror man entsetzlich. Beim Bombenabwurf mußten wir uns mit Improvisationen helfen. In den Flugzeugboden schräg über mir wurde ein großes Loch geschnitten. Links und rechts davon waren im Rumpfinneren die Bomben gelagert. Ich selbst hatte das Gelände unter mir zu beobachten, und zu diesem Zweck mußte ich mich so setzen, daß meine Beine über den Rand des Kübels in der Luft hingen. Während die Maschine auf das Erdziel losflog, reichten mir zwei Kameraden aus dem Rumpf immer die Bomben nach unten. Die Bomben waren verschieden schwer – von 10 kg bis zu 50 kg –, aber ich bekam allmählich eine derartige Übung, daß ich recht gute Trefferergebnisse erzielte. Alles kam darauf an, die Bomben im richtigen Moment fallen zu lassen. Das Hauptproblem dabei war, daß sich, wenn die Rumpfklappe offen war, ein überaus starker Luftstrom bildete, der die Flugbehälter der Bombenzünder regelmäßig in Um-

Volltreffer auf einer Eisenbahnanlage: Deutsche Offiziere registrieren die Wirkung eines Bombenangriffes.

drehung zu versetzen begann. Während ich also die Bombe hielt und zu zielen versuchte, mußte ein zweiter Mann vom Rumpfinneren aus die Flügelblätter festhalten, um zu verhindern, daß uns die Bombe in der Hand explodierte."

Das Schlachtschiff „Jaime I" war den Nationalisten in jeder Beziehung ein Dorn im Auge. Die „Jaime I" erschwerte nicht nur den Schiffsverkehr über die Straße von Gibraltar ganz außerordentlich, sondern sie griff gelegentlich auch aktiv in die Kämpfe ein. So lief das Schlachtschiff am 7. August 1936 in Richtung Algeciras aus, stand an der Küste vor der Stadt und beschoß das offen daliegende Ziel aus ihren schweren 30,5 cm-Geschützen. Die Briten konnten von Gibraltar aus die Beschießung deutlich sehen, aber die Royal Navy griff selbstverständlich nicht in die Kämpfe ein. Der in Algeciras angerichtete Schaden war überraschend gering. Einer der wenigen Volltreffer landete allerdings ausgerechnet im Gebäude des britischen Konsulates und zerstörte es bis auf den Grund. Viele Granaten schlugen als Weitschüsse im Hügelland hinter der Stadt ein, und von denen, die ins bewohnte Gebiet fielen, blieben viele als Blindgänger liegen. Die Ungenauigkeit des Feuers war wahrscheinlich auf das Fehlen von geeigneten Artillerie-Offizieren zurückzuführen.

Bei Ausbruch des Krieges hatte es an Bord der „Jaime I" schwere Kämpfe gegeben. Die Kommunisten und Anarchisten unter der Besatzung waren straff in Zellen organisiert und auch vor dem Ausbruch des Militärputsches rechtzeitig gewarnt worden. Als die Rechten schließlich tatsächlich putschten, berief die Schiffsbesatzung eine Versammlung ein und wählte ein Führungskomitee. Die Offiziere wurden für abgesetzt erklärt. Sie wußten wohl, was ihnen bevorstand: So gut sie es vermochten, verbarrikadierten sie sich in ihren Quartieren und kämpften bis zum letzten Mann gegen die Meuterer. Pardon gab es keinen – von keiner Seite. Als das Gemetzel vorüber war, fragte die neue Schiffsführung über Funk bei der Admiralität an, was mit den toten Offizieren geschehen solle. Die Admiralität gab über Funk zurück: „Bestattet sie nach ordentlicher Seemannsart!"

Die spanische Kriegsmarine blieb nach Ausbruch des Bürgerkrieges fast zur Gänze in der Hand der Republik. Neben dem Schlachtschiff „Jaime I", das gleichzeitig Flaggschiff war, verfügte sie noch über drei Kreuzer, fünfzehn Zerstörer und über neun Unterseeboote. Nach der Beschießung von Algeciras brachte die „Jaime I" zusammen mit zwei Zerstörern, einem U-Boot und unter dem Schutz von sechs Flugzeugen vier Truppentransporte bis vor Ibiza. Die aus den Transportern anlandenden republikanischen Milizsoldaten eroberten die Stadt von den Nationalisten zurück. Dergleichen ließ General Franco natürlich nicht unberührt. Er entschied, daß die „Jaime I" ausgeschaltet werden mußte. Was nützten alle Lufttransporte, wenn die Republikaner mit ihren großkalibrigen Schiffsgeschützen die Küste beherrschten?

Die damals in Spanien befindlichen Junkers Ju 52 wurden jedoch sämtlich als Transporter verwendet, und nicht eine einzige Maschine der Bomberversion war greifbar. Trotzdem bot sich Flugzeugkapitän Henke an, mit zwei als Behelfsbombern hergerichteten Ju 52 den Versuch zu wagen, die „Jaime I" zu versenken. Henke suchte sich den vor kurzem so abrupt aus der Nachurlaubsstimmung gerissenen Leutnant Hoyos als Bombenschützen aus, und Oberleutnant von Moreau sollte die zweite Ju 52 als Pilot fliegen. Jede Maschine bekam zusätzlich einen spanischen Marineoffizier als Beobachter.

Ein Junkers Ju 87 A-Sturzbomber der Legion Condor. Die Maschinen dieses Typs wurden später als „Stukas" weltberühmt.

Da die Ju 52 keine Ladevorrichtung für Bomber hatten, mußten die deutschen und spanischen Mechaniker zunächst einmal sechs je 200 kg schwere Bomben mühsam in jede Maschine hieven. Auch der Einbau einer improvisierten Bombenabwurf-Vorrichtung war notwendig. Man begann in der Nacht des Mittwoch, 12. August 1936, mit der wahrhaft schweißtreibenden Arbeit, und schon kurz nach drei Uhr in den frühen Morgenstunden des folgenden Tages bekam Henke die Klarmeldung. Die erste Maschine startete schließlich um vier Uhr zehn, und die zweite folgte ihr fünf Minuten später. Knapp unter der tiefliegenden Wolkendecke zogen die Flugzeuge in Richtung auf die marokkanische Küste hin durch den nachtschwarzen Himmel. Als sie schließlich nördlich von Malaga abdrehten, verlor Moreau die Richtung. Er geriet zu weit nach Osten und konnte Malaga nicht mehr finden. Henke sah die Lichter der Stadt kurz vor dem Einsetzen der Morgendämmerung und flog, ohne entdeckt zu werden, in die Bucht von Malaga ein.

Die Ju 52 flog das Hafengebiet ab, fand aber die „Jaime I" nicht, denn das Schlachtschiff hatte den Hafen etwa eine Stunde zuvor verlassen. Henke ging ganz tief herunter: Es war möglich, daß die „Jaime I" unter Tarnnetzen verborgen am Kai lag, und der Deutsche wollte sich die wertvolle Beute nicht durch eine Unachtsamkeit entgehen lassen. Einen Frachter und zwei Unterseeboote, die im Hafen lagen, ließ man unbehelligt: Was zählte, war das Schlachtschiff – sonst nichts! Von der „Jaime I" aber war nichts zu sehen. Also flog Henke ab, und man machte sich in der Ju 52 nun daran, die Straße von Gibraltar systematisch nach dem verhaßten „Dickschiff" abzusuchen. Um fünf Uhr morgens sichtete der an Bord befindliche spanische Marineoffizier das Ziel: einen langen grauen Schatten auf der See unter dem Flugzeug. Da war also das Schiff, das so vielen Kameraden das Leben gekostet hatte . . .

Die Ju 52 drehte ab und brachte sich – vom Gegner unbemerkt – in einer Entfernung von etwa drei Kilometern vorsichtig in die richtige Position für den Zielanflug. Der Bomber ging genau auf Parallelkurs und flog die „Jaime I" von hinten her an. Jetzt begannen die Schwierigkeiten: Da man die Bombenanlage nur schnell improvisiert hatte, mußte man zur richtigen Zünderwirkung eine ganz bestimmte Abwurfhöhe einhalten – genau 760 m. So hoch aber konnte Henke nicht gehen, denn sonst hätte ihm die niedrige Wolkendecke beim Anflug die Sicht genommen. 260 m – das war das höchste der Gefühle. Leutnant Hoyos rechnete fieberhaft, um die richtigen Werte zu bekommen. Ein guter Kopfrechner dürfte der Leutnant nicht gewesen sein: Als die Ju 52 die erste Bombe abwarf, sahen sie die Männer an Bord weit vor dem Schiff auf dem Wasser aufschlagen. Also neuer Anflug! Jetzt wurde die Schiffsbesatzung schlagartig munter. Bevor aber die Flak noch richtig zum Schießen kam, setzte Hoyos die zweite Bombe genau auf die Kommandobrücke. Die letzte Bombe krachte auf das Hinterdeck.

Der Angriff war ein voller Erfolg. Die „Jaime I" sank zwar nicht, mußte aber in den Hafen von Cartagena geschleppt werden und fiel monatelang für den weiteren Einsatz aus. Die „Behelfsbomberei" ging noch etwa zwei Wochen nach dem Angriff auf das spanische Schlachtschiff weiter. Dann erschienen die ersten echten Ju 52 Bomber am Himmel über Spanien. Diese Maschinen verfügten über ausgezeichnete Zielgeräte: Die Zeit der „Amateure" war damit vorbei – jetzt machten sich die „Profis" an ihr Geschäft!

# Die Profis

Man kann heute mit Sicherheit feststellen, daß erst die ausländische Intervention – auf seiten der Nationalisten durch Italien und Deutschland und durch Frankreich und Rußland auf seiten der Republikaner – den Spanischen Bürgerkrieg zu dem gemacht hat, als was er schließlich in die Geschichte eingegangen ist: einem wilden Gemenge von sich verschiebenden Fronten, von Gebietsgewinnen und -verlusten auf beiden Seiten. Wären die Spanier in dieser Auseinandersetzung „unter sich" geblieben, hätte es wahrscheinlich anders ausgesehen. Keine der Streitparteien war für sich stark genug, um eine wirklich entscheidende Offensive zu führen. Und mit großer Wahrscheinlichkeit hätte es daher einen Stellungskrieg gegeben, der an jenen Fronten geführt worden wäre, die sich schon nach den ersten beiden Wochen des Kampfes gebildet hatten.

Ein Krieg ohne Sieg vermutlich: Irgendwann einmal – etwa nach zwei Jahren – wären beiden Parteien die Kräfte ausgegangen, und die Auseinandersetzungen wären wahrscheinlich aufgrund der allgemeinen Erschöpfung einfach „eingeschlafen". Daß in Wirklichkeit alles ganz anders kam, verdanken die Spanier der ausländischen Intervention. Die Deutschen und Italiener auf seiten der Nationalisten erwiesen sich als die Stärkeren und boxten General Franco den Weg zum „Endsieg" frei. Was dieser Sieg das Land kostete, war ungeheuerlich: Selbst wenn es Franco ernsthaft beabsichtigt hätte, wäre Spanien eine Beteiligung am Zweiten Weltkrieg unmöglich gewesen. Das Land war einfach zu schwach und ausgeblutet für irgendwelche weiteren Kriegshandlungen größeren Stils.

Es waren die Alliierten, die von diesem Umstand profitierten. Als der Bürgerkrieg ausbrach, bezogen die am Ausgang des Konflikts interessierten Drittstaaten sehr schnell Stellung: Deutschland, Italien und Portugal – alle drei autoritär regiert – entschieden sich für die Nationalisten. Die Sowjetunion und Frankreich dagegen unterstützten die Sache der Republik. Einige weitere demokratisch regierte Länder unterstützten ebenfalls, wenn auch teilweise nur indirekt, die legitime spanische Regierung.

Die Demokratien hatten es bei ihren Entscheidungen wesentlich schwerer als die autoritären Staaten: Wo bei den Diktaturen ausschließlich Macht- und außenpolitische Gründe entschieden, war in den Demokratien auch auf innenpolitische Gegebenheiten und Kräfteverhältnisse Bedacht zu nehmen. In England und in den USA trat eine breite Öffentlichkeit für die spanischen Republikaner ein. Weniger zahlreich, dafür aber politisch und finanziell wesentlich potenter waren jene, welche mit den Nationalisten sympatisierten und sie zu unterstützen bereit waren. In Frankreich gab es starke Strömungen pro und contra Franco. Obwohl sich am Ende die Befürworter der Republik durchsetzten, übten vor allem die französischen katholischen Rechtsparteien einen stark pronationalistischen Einfluß aus, so daß zumindest zeitweilig die französischen Hilfslieferungen für Spanien beinahe vollständig zum Erliegen kamen.

Was die internationale Unterstützung für beide Bürgerkriegsparteien in Spanien in einem besonders interessanten Licht erscheinen läßt, ist die Tatsache, daß sich alle jene Staaten, aus welchen der Nachschub an Waffen und Gerät beinahe ununterbrochen ins Kampfgebiet flog, in einer völkerrechtlichen Vereinbarung fast gleichzeitig zur Nichteinmischung und zur Einhaltung strikter Neutralität im Spanischen Bürgerkrieg verpflichtet hatten. Nur die Mexikaner setzten – aus welchem Grunde auch immer – ihre Unterschrift nicht unter dieses einmalige Dokument der internationalen Heuchelei. Die Initiative für das Nichteinmischungsabkommen ging offiziell vom französischen Ministerpräsidenten Léon Blum aus, der die Einstellung jeder französischen Hilfe ab dem 9. August 1936 zusicherte.

Die englische Regierung stand den französischen Bemühungen wohlwollend gegenüber und unterstützte sie nach Kräften. Großbritannien, Belgien, Holland, Polen, die Tschechoslowakei und Rußland standen den Vorschlägen Blums positiv gegenüber; seitens des Deutschen Reiches wurde noch zusätzlich vorgebracht, daß man auch jede Kapitalunterstützung der Bürgerkriegsparteien international verbieten müsse, denn, so formulierte man es, „Gold ist auch eine Kriegswaffe". Auch die Russen äußerten bestimmte Zusatzwünsche. Solange Portugal der Vereinbarung nicht beitrete, verlautete aus Moskau, müßte man die Situation als unbefriedigend ansehen. Die Portugiesen stimm-

*Rechts:* Während eines Luftangriffes auf Madrid suchen Kinder Schutz vor den Bomben.

ten der Nichtintervention daraufhin „en principe" zu, was in der eleganten Sprache der Diplomatie eigentlich noch weniger bedeutet als eine halbe Zusage. Hitler aber entschloß sich letzten Endes zum Vertragsabschluß, und der deutsche Außenminister unterzeichnete das Dokument namens des Deutschen Reiches. Der Führer mußte der Welt seine Friedensbereitschaft demonstrieren, um sie ein wenig von dem abzulenken, was gleichzeitig in Deutschland geschah: Die Rüstungswirtschaft begann auf Hochtouren zu laufen, und die Verdoppelung der bisher gesetzlich vorgesehenen Wehrdienstzeiten stand knapp bevor.

Am 9. September 1936 trafen sich die Vertreter aller 26 Signatarstaaten des Nichteinmischungsabkommens im „Locarnosaal" des britischen Außenministeriums zu ihrer ersten Plenarsitzung. Nur Portugal hatte keine Vertreter entsandt. Wie zu erwarten, brachte die Sitzung keine greifbaren Ergebnisse: Weder Deutschland noch Italien oder Rußland dachten auch nur im geringsten daran, sich an die Abkommensbestimmungen zu halten. Der Vertreter des Deutschen Reiches richtete einen scharfen Angriff gegen die Vertreter von Frankreich und Großbritannien. Diese Staaten, so wurde deutscherseits behauptet, hätten nicht das geringste Interesse an einer Einstellung der Unterstützungslieferungen, ganz im Gegenteil. Der einzige Zweck ihres Beitritts zum Abkommen sei es gewesen, sich damit das Wohlverhalten der jeweiligen Linksparteien im eigenen Lande zu erkaufen.

Aber darauf kam es eigentlich schon nicht mehr an: Das Nichteinmischungsabkommen ist an sich bereits ein einmaliges weltpolitisches und diplomatisches Dokument – nicht eine einzige der vertragschließenden Mächte fühlte sich jemals ernsthaft an die soeben getroffenen Vereinbarungen gebunden. Hugh Thomas, der eine umfassende und überaus wohlfundierte Geschichte des Spanischen Bürgerkrieges geschrieben hat, meint dazu: „Auf diese Weise wurde also das Nichteinmischungskomitee geboren. Ein Instrument der Doppelzüngigkeit, Lügenhaftigkeit und Demütigung, das schließlich sogar noch den ganzen Bürgerkrieg überleben sollte."

Aus einer zu dieser Zeit entstandenen geheimen Meldung des deutschen Außenministeriums ergeben sich weitere und überaus bezeichnende Details. In dem Dokument heißt es: „Während der Verhandlungen zum Abschluß des Nichteinmischungsabkommens herrschten im Außenministerium gewisse Zweifel darüber, ob zu diesem Zeitpunkt die Waffenlieferungen für Franco fortgesetzt werden sollten oder ob die Lieferungen so lange auszusetzen seien, bis ein anderer Unterzeichnerstaat das Waffenembargo brach. Die Dringlichkeit des

Nachschubs für Franco war jedoch derartig, daß sich jede Verzögerung oder Unterbrechung der Lieferung verbot."

Nicht nur General Franco brauchte damals den Nachschub sehr dringend. Auch General Mola, der in Nordspanien die Nationalisten befehligte, hatte ganz ähnliche Probleme: Wenn er keine Waffen bekam, konnte er seine Freiwilligen nicht ausreichend bewaffnen und war einer Offensive der Republikaner preisgegeben. Also schickte der General einen dringenden Hilferuf: 8000 Gewehre und 1000 Schuß pro Gewehr forderte Mola mit dem bitteren, wenn auch nicht ganz richtigen Zusatz, daß „bis jetzt ja nur die im Süden stehenden Kräftegruppen versorgt worden sind". Mola wollte nichts geschenkt. Er bot für die Waffen und für die Munition 90.000 Pfund in bar und für den Rest entsprechende Mengen an Kupfererz. Erfüllungsort: Corunna.

Die deutsche Regierung nahm das Angebot gerne an: 4500 Karabiner samt der dazugehörenden Munition wurden aus Wehrmachtsbeständen für die Ausfuhr nach Spanien freigegeben. Die holländische Waffenfabrik Weltjens sorgte für den Rest. Die deutsche Marine wandte sich an die Reederei Mathias Rohde & Co., die sich bereits bei ähnlichen Aufgaben bestens bewährt hatte. Auch die „Usaramo" war schon seinerzeit von Rohde & Co. gechartert worden, und die Firma stellte allein in den ersten Kriegsmonaten weitere neun Frachtschiffe für Transporte nach Spanien zur Verfügung. Die Nachschubgüter wurden immer unter Gestapo-Aufsicht am selben Kai in Hamburg auf die Schiffe verladen. Offiziell trug der Verladeplatz die Bezeichnung „Petersen-Kai". Im Jargon der Hafenarbeiter bekam er aber den treffenden Namen „Francos Werft".

Da es in Hamburg schon traditionell sehr viele Mitglieder der mittlerweile in Deutschland verbotenen kommunistischen Partei gab, wurde die spanische Regierung regelmäßig genau und vor allem schnell über das jeweilige Ausmaß der deutschen Nachschublieferungen auf dem laufenden gehalten. Mit der Tarnung machte man sich deutscherseits nicht allzu viele Mühe: Teilweise waren auf den grauen Munitionskisten sogar noch die offiziellen Aufschriften sichtbar, mit denen sie in den Munitionsfabriken gekennzeichnet worden waren. Die Schiffsbesatzungen mußten sich zwar schriftlich zur absoluten Geheimhaltung verpflichten, und als Funkpersonal wurden ausschließlich Angehörige der deutschen Kriegsmarine verwendet, die – sobald die Schiffe in See gingen – nur noch Rufzeichen deutscher Seefahrzeuge verwendeten, welche gerade irgendwo in weit abgelegenen Meeresgegenden fuhren, aber das alles nützte nur wenig: Im übrigen verließ man sich deutscherseits offenbar auch nicht allzu sehr auf Täu-

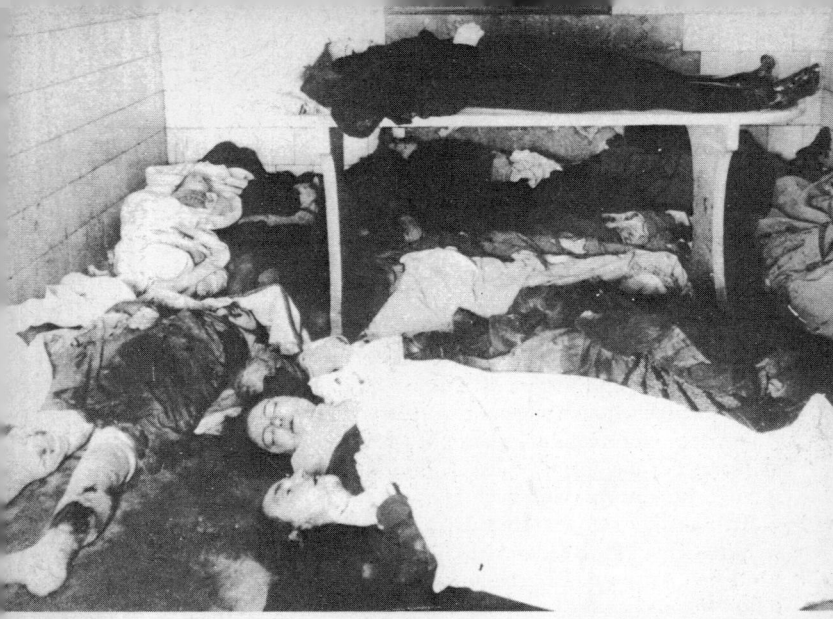

Nach einem Bombenangriff auf Madrid werden tote Zivilisten in einer behelfs-
mäßigen Leichenhalle aufgebahrt.

schungsmanöver, denn die Frachtschiffe wurden zur Sicherheit regelmäßig von Überwasserschiffen der Kriegsmarine bis in spanische Gewässer begleitet und gleichzeitig auch von deutschen Unterseebooten
gegen mögliche spanische Unterwasserangriffe gesichert.

Während die Deutschen bereits Material nach Spanien schickten,
hielten sich die Russen anfangs noch zurück. Man sandte den Republikanern Lebensmittel und unterstützte sie finanziell – aber die Rote
Armee hielt ihre Arsenale noch verschlossen. Die Italiener dagegen
pumpten Menschen und Material in derartigem Ausmaß nach Spanien,
daß die Rüstungsfabriken mit der Produktion kaum noch nachkamen.
Aus Frankreich kam André Malraux mit seinen Piloten und Maschinen, und im übrigen stellten sich die französischen Behörden gegenüber sonstigen Waffen- und Gütertransporten durch französisches
Gebiet blind und taub. Die portugiesische Regierung bezog dagegen
recht deutlich Stellung für die Nationalisten: Italienische und deutsche
Frachter löschten ihre Ladungen ungeniert in portugiesischen Häfen,
von wo das Kriegsmaterial völlig offen über portugiesisches Gebiet
nach Spanien transportiert wurde. Außerdem lieferte Portugal jeden

Bombentreffer in einem Haus in Burgos.

beim Grenzübertritt festgenommenen republikanischen Soldaten umgehend an die spanischen Nationalisten aus. In England und in den USA meldeten sich Freiwillige für die republikanische Sache bei den in diesen Staaten eingerichteten Meldestellen, kommunistische und antifaschistische Parteien bemühten sich in jeder Weise um Unterstützung für die Republik, aber die Industrie und das Großbürgertum unterstützten in den meisten Fällen ausschließlich die Nationalisten. Als die amerikanische Flugzeugfirma „Glenn Martin Aircraft Company" beispielsweise wegen eines im Gespräch stehenden Ausfuhrauftrages für acht Martin-Bomber bei Regierungsstellen vorsichtig anfragte, erhielt sie eine glatte Abfuhr: Keine Kriegsgüter nach Spanien. Daß die Flugzeuge für die Regierungstreuen in Madrid bestimmt gewesen wären, dürfte bei dieser Entscheidung keine unwesentliche Rolle gespielt haben . . . Zur gleichen Zeit aber verkauften private amerikanische Unternehmen 12.000 Lastkraftwagen an die Nationalisten. Auch der notwendige Treibstoff kam aus den USA. Captain T. Rieber, ein Direktor der Ölfirma „Texaco", räumte Franco nicht nur uneingeschränkt Kredit ein, sondern man sorgte auch dafür, daß „Texaco"-

Tanker in nationalistische Häfen liefen und dort ihre Ladung löschten, obwohl ihre Ladepapiere eigentlich für Frankreich lauteten. Gegenüber solchen flagranten Verletzungen des Seerechtes konnten die Behörden nicht ganz untätig bleiben und legten der amerikanischen Erdölfirma eine beachtliche Geldbuße zugunsten des Staatsschatzes auf. Das schmälerte zwar den Profit der „Texaco" um etwa 22.000 Dollar, aber das Geschäft war vermutlich doch recht lohnend: Am Ende des Bürgerkrieges kassierte die „Texaco" sechs Millionen Dollar beim neuen spanischen Regime . . .

In England traten die Konservativen, die zu Beginn des Bürgerkrieges die Regierung stellten, auch für die Nationalisten ein. Diese Zuneigung wurde auch vom diplomatischen Corps, von der Kirche und von den meisten Offizieren aller Streitkräfte geteilt. General Franco: Das war für die meisten seiner Anhänger auch im Ausland eine Art von Symbolfigur. Der Mann, der die wohlerworbenen Güter schützte, der Repräsentant des bewaffneten Widerstandes gegen die Revolution von links, die man auch damals schon in vielen anderen Ländern unterschwellig zu fürchten begann. Sogar Churchill persönlich protestierte beim französischen Botschafter gegen die französische Unterstützung für die Republikaner. Auch der britische Botschafter wurde bei der Regierung in Paris vorstellig und warnte davor, die spanische Regierung zu unterstützen. Falls es nämlich zum Krieg mit Deutschland käme, könnte Frankreich dann nicht mit britischer Unterstützung rechnen . . . In Madrid wurde die britische Botschaft zu einer bevorzugten Asylstätte für Parteigänger der Nationalisten. Bis zum Ende des Bürgerkrieges war ihre Zahl so angewachsen, daß man sie in sieben verschiedenen Gebäuden unterbringen mußte. Auch die britische Admiralität ließ verlauten, sie sei durch die Morde an spanischen Marineoffizieren „nachteilig beeindruckt". Die Tatsache, daß die Offiziere fast ausschließlich Nationalisten waren, die von den regierungstreuen Schiffsbesatzungen mit Waffengewalt an der Inbesitznahme der Fahrzeuge für die Putschisten gehindert worden waren, blieb dabei unerwähnt. Ob die britische Admiralität ihr Mißfallen ebenso ausgedrückt hätte, wenn die erschlagenen und erschossenen Offiziere Republikaner gewesen wären, muß wohl dahingestellt bleiben.

Eines der interessantesten Dokumente zur britischen Haltung in der Spanienfrage ist aber indirekt eine geheime Mitteilung des deutschen Geschäftsträgers im republikanischen Gebiet an seine vorgesetzte Dienststelle in Berlin. Das Dokument entstand am 16. Oktober 1936 in Alicante und lautete auszugsweise: „Was nun England betrifft, haben wir die interessante Beobachtung gemacht, daß von dieser Seite die

‚Weißen' (Nationalisten) über Gibraltar mit Munition versorgt werden. Der britische Kreuzerkommandant hier in Alicante hat uns erst kürzlich die Mitteilung zukommen lassen, daß die rote Regierung mit russischen Waffen beliefert wird. Es ist als sicher anzunehmen, daß uns der britische Offizier diese Mitteilung nicht hätte zukommen lassen, falls er nicht Auftrag dazu gehabt hätte." Das „Foreign Office" in London informierte außerdem den dortigen deutschen Chargé d'Affaires, daß die britische Regierung die von der spanischen Regierung über die von den Nationalisten benutzten Häfen verhängte Blockade nicht als verbindlich ansähe. Die Tatsache, daß sich England zu derselben Zeit offiziell und durchaus unüberhörbar für die Einhaltung von internationaler Neutralität im spanischen Konflikt einsetzte, mutet in diesem Zusammenhang zumindest recht überraschend an. Noch am 8. August 1936 versicherte der Deutsche Chargé d'Affaires in London, Prinz Bismarck, dem britischen Außenminister Anthony Eden im persönlichen Gespräch, daß „weder bisher noch auch in Zukunft von deutscher Seite Waffen und sonstiges Kriegsmaterial nach Spanien gesendet werden".

Am 26. August lief die „Usaramo" zu ihrer zweiten Fahrt nach Spanien aus. Die Ladung bestand ausschließlich aus Bomben, Artilleriegranaten und Infanteriemunition. Und ebenfalls am 26. August 1936 wurden aus dem deutschen Frachter „Girgenti" 8000 Karabiner und acht Millionen Schuß Munition ausgeladen. Dazu kamen noch 10.000 Artilleriegranaten. Ebenso gemischt war die Ladung, die das deutsche Schiff in Corunna anschließend an Bord nahm: 2150 Tonnen Kupfererz und die Leichen der ersten beiden Angehörigen der „Legion Condor", die in Spanien gefallen waren.

Der Nachschubverkehr funktionierte in dieser Zeit schon recht gut. Die Schiffe „Cap Arcona", „Mont Pascual", „Wigbert", „Procida", „Kamerun", „Pasajez", „Eisenach" und „Helios" liefen ständig mit immer neuen Materiallieferungen aus Deutschland nach spanischen und portugiesischen Häfen. Diese Transporte gingen während der gesamten Dauer des Bürgerkrieges ohne besondere Geheimhaltungsmaßnahmen weiter. Der Nichteinmischungspakt war für Hitler ein Fetzen Papier – nichts weiter. Daß sich auch die anderen Signatarstaaten keinen Deut um diese Vereinbarung scherten, steht allerdings ebenso fest. Am 25. August 1936 lud der Frachter „Kamerun" eine Ladung leichter Panzer, Bomben und Granaten im Hafen von Lissabon aus. Das Datum ist bemerkenswert: Es war der Tag, an dem namens des Deutschen Reiches das Nichteinmischungsabkommen unterzeichnet wurde. Wie gewohnt ging das Löschen der Ladung ganz offen vor sich, und selbstverständlich verbreiteten sich alle dementsprechenden Meldungen international sehr schnell. Der englische „Spectator" informierte seine Leser jedoch noch in der Berichtswoche dahingehend, „daß es keine sicheren Hinweise dafür gibt, daß General Franco aus dem Ausland Nachschub in nennenswertem Umfang erhält".

Auch das offizielle England schloß weiterhin die Augen vor dem, was geschah. Obwohl der britische Nachrichtendienst selbstverständlich die Regierung ständig über die aus Italien und Deutschland in großer Menge eintreffenden militärischen Güter informierte, stellte Anthony Eden in einer Rede vor dem Unterhaus fest: „Es gibt viele andere Länder, denen man eher noch als Deutschland und Italien die Verletzung des Nichteinmischungsabkommens vorzuwerfen hätte!" Natürlich erhielt Franco die ausländische Unterstützung keineswegs aus ideellen Gründen. Die nach Deutschland zurücklaufenden Schiffe brachten Olivenöl und Orangen, Kupfer, Eisenerz und Pyrit ebenso wie ausgesprochene Mangelmetalle wie Qecksilber und Wolfram. Obwohl die Nationalisten trotzdem bei Hitler hoch in der Kreide standen, profitierten beide Seiten von ihren Vereinbarungen, denn beide litten an einem chronischen Mangel an Fremdwährungen. Die spanischen Goldreserven lagen in Madrid, und Franco gab mehr Geld aus, als er hatte. Da halfen auch gelegentliche „Zuschüsse" nur wenig: Der Milliardär Juan March beispielsweise ließ angeblich noch vor Ausbruch des Bürgerkrieges der Falange fünfzehn Millionen Pfund in bar zukommen und auch das exilierte spanische Königshaus zeigte sich recht großzügig. Von ihm erhielt Franco zehn Millionen Dollar aus ausländischen Konten überwiesen. Und aus Lateinamerika, New York und London kam nochmals eine Million Pfund.

Obwohl die Nationalisten auch alle ausländischen Guthaben einzogen, soweit darüber in ihrem Machtbereich ansässige spanische Staatsbürger zu verfügen hatten, und auch zur Abgabe des gesamten privaten Goldbesitzes aufforderten, blieben ihre Kassen konstant leer. Aber Deutschland und Italien lieferten auf Kredit . . . Und obwohl man den Spaniern für die von ihnen gelieferten Rohstoffe und anderen Produkte einen sehr günstigen Wechselkurs berechnete, war Franco am Ende des Bürgerkrieges „Sieger auf Kredit". Die neue spanische Regierung schuldete Italien den Gegenwert von 1,2 Milliarden US-Dollar und dem Deutschen Reich immerhin die ebenfalls nicht bescheidene Summe von 485 Millionen Dollar.

Schon im August und Anfang September 1936 machte sich der Einsatz der deutschen Waffen zum Vorteil der Nationalisten bemerkbar. Die Schulung trug ihre Früchte: Am 23. August flogen acht Junkers

Republikaner im Feuerkampf in der Nähe von Huesca.

Ju 52 Maschinen den ersten größeren Luftangriff auf die republikanische Hauptluftbasis in Getafe, etwa 16 km südlich von Madrid. Eine Anzahl von Maschinen wurde auf dem Boden zerstört. Die deutschen Ju 52 wurden bereits von spanischen Offizieren geflogen, welche die deutschen Instruktoren im Lande ausgebildet hatten. Den Bomben- und Bordschützen allerdings fehlte es noch weitestgehend an Erfahrung. Am 25. August wurde Cuatro Vientos, eine andere Flugbasis der Republikaner, ebenfalls aus der Luft angegriffen, und am 27. und 28. August schließlich fielen die ersten Bomben auf Madrid selbst.

Die Bombenangriffe auf Madrid leiteten eine neue Periode in der Geschichte der Kriegführung ein. Die spanische Hauptstadt war die erste überhaupt nicht oder doch nur unzureichend verteidigte Großstadt, in der man den Willen und die Moral der Zivilbevölkerung mit Luftangriffen zu erschüttern versuchte. Der Erfolg war gegenteilig:

Die Menschen flohen nicht vor den Bombern, sondern sie blieben. Man besserte die Schäden aus und half einander, so gut man konnte. Nichts ist geeigneter, Haß zu entflammen, als der Anblick von verwundeten Frauen und Kindern. So blieb der Widerstandswille der Bevölkerung ungebrochen, und Wut und Empörung wuchsen ins Unermeßliche. Und obwohl alle an den Kämpfen in Spanien Beteiligten merken mußten, daß man mit Terrorangriffen auf Zivilisten den Durchhaltewillen nicht brechen kann, sondern ihn im Gegenteil bedeutend steigert, zog niemand die richtigen Lehren aus dieser Erfahrung. Weder die Deutschen, die England mit dem „Blitz" in die Knie zu zwingen versuchten, noch später die Amerikaner und die Engländer, welche die deutsche Zivilbevölkerung Tag und Nacht in die Luftschutzkeller trieben . . .

Nach der schon vor dem tatsächlichen Ausbruch des Bürgerkrieges von General Mola ausgearbeiteten Planung war die spanische Hauptstadt Madrid das strategische Ziel der Nationalisten. Der Angriff sollte von vier starken Kampfgruppen vorgetragen werden, denen vier große Städte als strategische Ausgangspunkte dienen sollten. Diese Planung entsprach durchaus der militärischen Vernunft, sah allerdings in der ersten Phase die schnelle Inbesitznahme der in Frage kommenden Städte durch die Nationalisten vor. Aber nur die Stadt Burgos fiel, wie geplant, schnell in die Hände der Putschisten. In den übrigen als Aufmarschbasen vorgesehenen Städten behaupteten sich die Republikaner mit Erfolg.

In den ersten Phasen des Bürgerkrieges war nicht zuletzt aus diesem Grunde von höherer Strategie kaum etwas zu merken. Und was tatsächlich auf dem Kampffeld geschah, richtete sich ausschließlich nach den Gesetzen der Taktik. Die Nationalisten mußten gegen alle Erwartungen zur Kenntnis nehmen, daß der Osten Spaniens in der Hand der regierungstreuen Kräfte geblieben war. Was man also zunächst tun konnte, war, die militärische Situation in einer Reihe von einzelnen Gefechten von bloß lokaler Bedeutung abzuklären und die eigene Position, wie sie nun einmal nach den ersten bewegten Tagen des Aufstandes war, zu festigen. Die Republikaner auf der anderen Seite waren allerdings in einer noch ungünstigeren Situation. Der Militärputsch hatte, als er endlich losbrach, die meisten doch ziemlich überraschend getroffen. Man nahm zunächst einmal mit Genugtuung zur Kenntnis, daß man fürs erste überlebt hatte, und machte sich dann unverzüglich an die Überlegung, was denn nun zu veranlassen sei.

Und hier lag eine wesentliche Schwachstelle, welche die Republikaner den Nationalisten gegenüber in Nachteil brachte: Es gab keine einheitliche und zielbewußte Führung, welche die militärischen Prioritäten richtig zu setzen wußte. Die republikanischen Fraktionen blieben uneins bis zuletzt. Erst als sie in Madrid den letzten hoffnungslosen Kampf gegen Franco ausfochten, gab es kaum mehr Meinungsverschiedenheiten zwischen ihnen. Aber als in Madrid gekämpft wurde, war die Sache der Republik bereits verloren.

Emotionen und gefühlsmäßige Entscheidungen spielten – dem spanischen Nationalcharakter entsprechend – auch in militärischen Angelegenheiten immer eine große Rolle. Die Republikaner waren gleich nach dem Ausbruch des Bürgerkrieges strategisch grundsätzlich defensiv eingestellt. Das hatte mit den tatsächlichen militärischen Gegebenheiten zunächst nichts zu tun, denn die regierungstreuen Kräfte waren – zumindest in der Anfangsphase des Krieges – materiell und personell eindeutig stärker als die Nationalisten. Es wird nur wenige militärische Befehlshaber geben, die mit einer bestimmten Situation oder mit einem militärischen Auftrag nicht mit jener Methode und mit jenen Mitteln fertig zu werden versuchen, die ihnen bereits aus vergangenen Erfahrungen bekannt und vertraut sind. Die Nationalisten-Generale hatten ihr Handwerk in Spanien theoretisch erlernt und in Marokko praktisch ausgeübt: Kolonialscharmützel ohne Einsatz von Panzern und schnellbeweglicher Artillerie. Von der Zusammenarbeit mit der Luftwaffe wußte man so gut wie nichts. Dagegen verstanden die spanischen Generale vom Infanterie-Einsatz eine Menge. Infanterie- und Maschinengewehreinheiten – das waren die Werkzeuge, mit denen man die militärischen Auseinandersetzungen führte. Auch die meisten republikanischen Generale verstanden wenig oder gar nichts von moderner Kriegführung, und dadurch wirkten sich allfällige veraltete taktische Methoden zu Anfang des Krieges kaum nachteilig für eine der beiden Seiten aus.

Die Situation änderte sich erstmals entscheidend, als die Russen Instrukteure und Panzer nach Spanien schickten. Schneller Bewegungskrieg mit gepanzerten Verbänden – dem standen die Franco-Truppen zunächst ziemlich hilflos gegenüber. Die Deutschen griffen mit den Sturzbombern der Legion Condor und mit ihrer modernen Artillerie zwar immer wieder entscheidend in die Kämpfe ein, aber eine grundsätzliche Änderung der Situation zugunsten der Nationalisten ergab sich erst, als die Spanier ihren Verbündeten endlich größere taktische Handlungsfreiheit einzuräumen bereit waren.

Nachdem General Franco im Mutterland eingetroffen war und den Oberbefehl über alle nationalspanischen Truppen im Süden übernommen hatte, begann man mit dem Angriff auf Madrid. Im Norden hatte sich General Mola auf Grund seiner anfänglichen Erfolge gegen die überraschten Republikaner in eine strategisch und taktisch recht aussichtsreiche Position manövriert: Die Nationalisten hielten Stellungen nordwestlich von Madrid und konnten die Hauptstadt auch von Osten her bedrohen. Dort verlief die Linie der Nationalisten von den Ausläufern der Pyrenäen nördlich von Jaca über die Städte Huesca, Saragossa, Belchite und Daroca bis nach Teruel, etwa 305 km östlich von Madrid und 160 km nordwestlich von Valencia. Der Hauptzweck dieser Linie war, Madrid von der Provinz Katalonien abzuschneiden, den Druck auf Madrid von Norden und Osten her zu verstärken und die Republikaner zu zwingen, Truppen aus dem Raum südlich und westlich von Madrid abzuziehen, wo bereits die Nationalisten ihren Angriff planten.

Als die unter dem Befehl von General Franco stehenden Truppen schließlich offensiv wurden, zeigten sich bald größere Erfolge: Starke, aus „Moros" und Einheiten der spanischen Fremdenlegion bestehende Kräfte rückten nach Norden in Richtung auf Mérida vor. Im Verlauf einer einzigen Woche legten die Nationalisten 200 km im Vormarsch zurück. Die von den Republikanern gehaltene Stadt Badajoz stellte eine gewisse Bedrohung des Vormarschweges dar und mußte daher genommen werden. Die Republikaner verteidigten die Stadt mit einer fast unglaublichen Erbitterung, und es kam hier zu den bis dahin schwersten Kämpfen des Bürgerkrieges. Als die Stadt schließlich fiel, marschierte Francos „Armee von Afrika" weiter – diesmal in nordöstlicher Richtung – auf Madrid zu. Am 3. September nahm sie die Stadt Talavera de la Reina. Die hier zahlenmäßig überlegenen, aber nur mit wenig Disziplin kämpfenden Republikaner gaben bald auf und machten sich auf den Rückzug. Nach etwa einmonatiger Dauer der Angriffsoperation konnte Franco eine stolze Bilanz ziehen: Seine aus dem Süden vorstoßenden Soldaten hatten in einer Serie von ununterbrochenen Gefechten eine Vormarschstrecke von 440 km zurückgelegt und sich dabei bereits gefährlich nahe an Madrid, das strategische Ziel der Offensive, herangeschoben. Darüber hinaus war es den kämpfenden Einheiten auch gelungen, eine direkte Verbindung zu den im Norden stehenden Kräften von General Mola herzustellen. Etwa 110 km waren es noch bis Madrid. Die Nationalisten waren siegessicher: Zwei bis drei Wochen noch – und dann fiel auch Madrid.

Auf der republikanischen Seite konnte man sich auch in dieser prekären Situation noch nicht zu wirklich koordiniert geplanten und durchgeführten militärischen Gegenaktionen durchringen. Wie gewöhnlich mißtrauten die einzelnen politischen Fraktionen der Linken

*Oben und unten:* Das Alcázar von Toledo nach dem Ende der Kämpfe.

einander und setzten ihre jeweiligen militärischen Kräfte auch möglichst unabhängig voneinander und nicht immer zweckmäßig ein.

Der Alcázar in Toledo beispielsweise, den die Nationalisten schon seit Kriegsbeginn hielten, war den Regierungstreuen ein Dorn im Auge. Sie berannten die mächtige Steinfestung in ununterbrochenen Angriffen, kamen aber keinen Schritt weiter. Auch die republikanischen Bomber, die Tag für Tag den Alcázar aus der Luft angriffen, hatten nur wenig Erfolg. Zu einer Zeit, als die Republik ihre Kampfflugzeuge gegen die auf dem Vormarsch befindlichen Nationalisten bitter notwendig gebraucht hätte, hielt man die Maschinen im Kampfraum von Toledo zurück und schickte sie in insgesamt dreißig Einsätzen gegen den Alcázar.

Das Bemühen war völlig sinnlos, denn die massiven Steinmauern der Stadtfestung hielten auch den stärksten damals verfügbaren Bombenkalibern stand. Im Alcázar hatten sich etwa 1300 Nationalisten verschanzt. Dazu kamen noch etwa 700 Zivilisten, die Hälfte davon Frauen und Kinder. Man gab eine eigene Festungszeitung unter dem Namen „El Alcázar" heraus (heute eine der größten spanischen Tageszeitungen) und demonstrierte Mut und Durchhaltewillen. Als eines Tages die feindlichen Kampfflugzeuge nicht über der Festung erschienen, fand sich am folgenden Tag im „Alcázar" in der Rubrik „Gefunden und verloren" folgende Notiz: „Verloren. Ein kleiner Vogel, der jeden Tag in der Nähe von ‚Neu Numancia' herumfliegt. Hört auf ‚Trimotorcito' (‚Dreimotorchen')." (Numancia ist für die Spanier ein klassischer Heldenort, wie etwa The Alamo für die Amerikaner, Kolberg für die Deutschen und Lucknow für die Briten.)

Eines Tages flog ein Kampfflugzeug in derart geringer Höhe und so schnell über den Alcázar hinweg, daß jede Warnung zu spät kam. Weder die Flugmelder noch ein in der Festung befindlicher Wolfshund, der ankommende Flugzeuge schon auf sehr weite Entfernung hörte und die Verteidigung regelmäßig durch sein aufgeregtes Gebell rechtzeitig alarmierte, hatte den Anflug registriert. Aus dem Kampfflugzeug aber fielen keine Bomben, sondern Aluminiumkanister in die Festung. Als die Verteidiger sie öffneten, war die Überraschung groß: Die Kanister, Vorläufer der später während des Zweiten Weltkrieges von vielen kriegführenden Staaten eingesetzten „Verpflegungsbomben", enthielten Lebensmittelnachschub. Und Nachrichten dazu: „Haltet aus – wir kommen bald!"

Der dramatische Kampf um den Alcázar hatte die nationalistische Führung so beeindruckt, daß Franco deswegen sogar eine Änderung seines strategischen Konzeptes durchführte. Etwa Mitte September stellten die Nationalisten ihren Vormarsch auf Madrid ein. Neues Ziel: Eroberung von Toledo und Entsatz des Alcázar.

Nun wurde der Kampf um die Stadtfestung mehr denn je zur Prestigeangelegenheit für beide Seiten. Die Republikaner schickten eine Infanteriewelle nach der anderen gegen das verhaßte Bollwerk. Aber immer wieder holten sich die Angreifer blutige Köpfe. In der Endphase des Kampfes wurden dann auch über der Stadt Luftkämpfe mit einer Erbitterung ausgetragen, wie man sie bisher noch nicht erlebt hatte. Am 25. September 1936 wurde eine auf dem Angriffsflug gegen republikanische Artilleriestellungen befindliche Ju 52 von drei republikanischen Dewoitine-Jägern angegriffen. Die langsame Ju 52 hatte keine Chance und wurde abgeschossen. Drei Mann der Besatzung stiegen am Fallschirm aus. Einer von ihnen wurde, noch hilflos in der Luft hängend, von einer der Jagdmaschinen angeflogen und am Fallschirm erschossen. Der zweite Flieger erschoß auf dem Boden seinerseits noch drei republikanische Milizsoldaten, bevor man ihn überwältigte und umbrachte. Für den dritten Flieger hatten sich die vor Haß fast rasenden Republikaner eine besondere Spezialität ausgedacht: Man übergab ihn – wie sonst nur bei manchen wilden Eingeborenenstämmen üblich – den Frauen. Die schnitten dem gefangenen Gegner mit Rasierklingen das Fleisch stückweise aus dem Körper. Als der Mann nur noch eine blutüberströmte Masse war, griffen republikanische Soldaten ein und machten dem Treiben ein Ende. Obwohl der Flieger die unbeschreiblichen Mißhandlungen sogar überlebte, bildeten Greueltaten wie diese den nicht unverständlichen Anlaß für die unermeßliche Wut, mit der sich die Nationalisten nach der endlich erfolgten Einnahme von Toledo und der Befreiung des Alcázar an den Republikanern rächten.

Am 28. September 1936 erlosch der letzte Widerstand in Toledo, und die Republikaner zogen sich ungeordnet auf Madrid zurück. Die Nationalisten beherrschten den Luftraum und griffen die auf dem Rückzug befindlichen gegnerischen Kolonnen ununterbrochen mit Bomben und Bordwaffen an. Viele dieser Einsätze wurden von deutschen Piloten geflogen. Drei Tage später wurde General Franco offiziell zum neuen Staatsoberhaupt und zum Oberbefehlshaber aller drei Wehrmachtsteile erklärt. Die militärische Situation entwickelte sich für die Nationalisten so günstig, daß man sogar schon den Termin für die Einnahme von Madrid offiziell für den 12. Oktober 1936 festsetzte. An diesem Tag jährte sich die Entdeckung Amerikas durch Columbus zum 444. Mal. Und der 12. Oktober ist aus diesem Grund in Spanien immer Anlaß zu groß angelegten Feierlichkeiten. Siegessicher verkündete General Mola, er werde an diesem Tag seinen Kaffee in einem berühmten Café an der Gran Via in Madrid trinken.

Ein Blick auf die Lagekarte ließ den Optimismus der Nationalisten als durchaus berechtigt erscheinen: Die spanische Hauptstadt war praktisch eingekreist. Die nationalistischen Stellungen zogen sich von Toledo 72 km süd-südöstlich von Madrid über Maqueda, San Martin de Valdegiesas, Avila, Siguenza und Molina bis nach Teruel, etwa 300 km östlich der Hauptstadt. Den nördlichen Teil des Einschließungsringes bildeten die Truppen von General Mola. Ihre Stellungen verliefen von Siguenza, 130 km im Nordosten, bis nach Avila, 110 km im Nordwesten der Hauptstadt. Den restlichen Teil des Ringes zwischen Avila und Toledo hielt die „Armee von Afrika". Der nördlichste Teil der Einschließungsfront von Siguenza südöstlich bis Teruel war hierbei keine Frontlinie im üblichen Sinn. Es gab keine zusammenhängenden und für die systematische Verteidigung in die Tiefe geeigneten befestigten Stellungen, sondern nur eine Reihe von Stützpunkten. Beide Seiten hatten Dörfer und natürliche, geländebeherrschende Punkte befestigt und schlugen sich mit dem Gegner um den Besitz der jeweiligen Position. Zwischen den ausgebauten Stützpunkten aber gab es keine Stellungen, und man konnte sich hier auch relativ frei bewegen.

Ab Ende September 1936 konzentrierten sich beide Bürgerkriegsparteien fast ausschließlich auf den offenbar bevorstehenden Endkampf um Madrid. Den eigentlichen Offensivstoß mußte die im Süden der Hauptstadt befindliche „Armee von Afrika" führen. Die im Norden stehenden Truppen des Generals Mola hatten dagegen die Aufgabe, die Republikaner in Fesselungsangriffen zu binden und den Abzug von größeren Reserven nach dem Süden an die eigentliche Angriffsfront zu verhindern.

Mehr zu tun, wäre Mola auch gar nicht möglich gewesen: Die nördliche Kräftegruppe der Nationalisten war eindeutig schwächer als die „Armee von Afrika". Während Franco im Süden von Madrid mit seiner „Armee von Afrika" hauptsächlich über bewährte Berufssoldaten verfügte, mußte Mola im Norden zum großen Teil mit bewaffneten Zivilisten das Auslangen finden, die sich den Nationalisten nach Ausbruch des Aufstandes freiwillig angeschlossen hatten. Die wenigen regulären Heereseinheiten, die im Norden standen, waren meist ehemalige Garnisonstruppen aus den von den Nationalisten eingenommenen Städten. Mola hatte diese Einheiten gleichsam als „Korsettstangen" zwischen seinen freiwilligen „Amateursoldaten" eingezogen.

Die Hauptlast des Angriffes aus dem Süden sollten vier nationalisti-

*Oben:* Russische Jäger vom Typ Polikarpov I-15.
*Unten:* Jagdflugzeuge Heinkel He 112. Dieser Jägertyp wurde in Spanien mit Erfolg geflogen, setzte sich aber in der deutschen Luftwaffe gegen seine Konkurrenzkonstruktion, die Me 109, nicht durch.

sche Sturmkolonnen tragen, die aus „Moros" und Angehörigen der spanischen Fremdenlegion bestanden (in der spanischen Fremdenlegion dienten allerdings fast nur Spanier!). Von diesen Soldaten durfte sich General Franco einiges erwarten: Es handelte sich ausschließlich um gut ausgebildete Berufskämpfer, die keinen Gegner fürchteten. Jede Angriffskolonne bestand aus zwei „Tabors" marokkanischer Soldaten, einer „Bandera" der Fremdenlegion und einer Geschützbatterie. Ein „Tabor" bestand damals aus 225 „Moros", nur die Offiziere und Unteroffiziere waren Spanier. Die „Bandera" der Fremdenlegion war ein aus 600 Mann bestehender, zum selbständigen Einsatz geeigneter gemischter Kampfverband, zu dem regelmäßig auch Feldartillerie gehört. Jede Angriffskolonne verfügte außerdem über Pioniere, Nachrichtentruppen und Aufklärungsverbände. Auch im Sanitäts-, Transport- und Nachschubwesen war jede Kolonne von der anderen unabhängig. Die Artillerie verfügte vom leichten Infanteriegeschütz (4,5 cm) bis zum mittleren Feldgeschütz (15 cm) über alle Kaliber. Zur Luftabwehr stand bewegliche Flakartillerie zur Verfügung. Die vier für den Hauptstoß auf Madrid vorgesehenen Angriffskolonnen stellten also sowohl personal- als auch ausstattungsmäßig die Elite der „Armee von Afrika" dar. Auch für den bevorstehenden Kampf um Madrid zeigte man sich bei den Angriffstruppen recht optimistisch: Man wußte um seine eigenen militärischen Qualitäten. Und wenn darüber hinaus die Junkers, Heinkels, Savoias, und Fiats aus der Luft den Weg freibombten und freischossen – was sollte da noch schiefgehen?

Der Kommandeur der Angriffstruppen, General José Enrique Varela, teilte den Optimismus seiner Leute. Varela war übrigens schon zu seinen Lebzeiten so etwas wie eine Legende: Als Sohn eines Kompaniefeldwebels stieg er aus dem einfachen Mannschaftsstand bis zum Generalsrang auf und wurde bereits für seinen Einsatz in Marokko mit den höchsten spanischen Tapferkeitsmedaillen ausgezeichnet. Was also sollte den hochdekorierten Varela und seine ausgezeichneten Soldaten daran hindern, in einem Zuge bis zur Puerta del Sol durchzustoßen?

Die Republikaner waren auf die Verteidigung von Madrid nur unzureichend vorbereitet. Und die ausgezeichnet bewaffnete und ausgerüstete Elite, der sie gegenüberstanden, ließ ihnen keine Möglichkeit zu koordinierten Gegenmaßnahmen: Die Artillerie der „Armee von Afrika" hielt die republikanischen Stellungen unter dauerndem Beschuß. Der Nachschub blieb unter den Bomben und im Maschinengewehrfeuer der nationalistischen Flieger liegen, und wenn die „Moros" und Fremdenlegionäre schließlich mit markerschütterndem Kriegsgeschrei zum Sturmangriff antraten, gab es meist kein Entkommen mehr.

Das eben war einer der wesentlichsten Unterschiede zwischen den kämpfenden Parteien: Auf der einen Seite standen die zweifellos fast immer sehr tapfer fechtenden, aber meist völlig unzulänglich ausgebildeten Milizionäre der Republik, und auf seiten der Nationalisten waren es meist Berufssoldaten, die den Kampf mit kühl berechnender Präzision führten. Man konnte diesen Unterschied deutlich auf dem Schlachtfeld erkennen: Die „Moros" und Fremdenlegionäre arbeiteten sich im Angriff langsam und gedeckt nach vorne und sicherten die Flanken durch Maschinengewehre. Wo es notwendig war, setzte man vorgezogene Feldartillerie ein und schoß den Gegner aus der Flanke zusammen, bevor die Infanteristen zum Sturmangriff antraten. Dieses System funktionierte – von zufälligen Pannen abgesehen – fast immer. Die Republikaner dagegen bewiesen ihre mangelnde militärische Ausbildung ebenso regelmäßig mit ganz elementaren Fehlern: Einmal blieben beherrschende Geländepunkte unbesetzt, oder man vernachlässigte die Beobachtung der feindlichen Anmarschwege. Dann wieder drängte sich die Infanterie in Stellungen entlang von Haupt- oder Nebenstraßen zusammen und zog sich – falls es notwendig wurde – auch in dichten Haufen in diesen Straßen zurück. Was das bedeutete, war klar: Die nationalistischen Tiefflieger und Bomber feierten Schlachtfeste, und oft fielen mehr Republikaner auf dem Rückzug als während des gesamten vorausgegangenen Gefechtes.

Etwa Mitte September 1936 waren bereits zwei Staffeln der nationalspanischen Luftwaffe vollständig auf Heinkel He 51 umgerüstet. Zusammen mit den Deutschen und den Italienern begannen nun die Nationalisten die Republikaner auch vom Himmel über Spanien zu fegen: In ihren meist hoffnungslos veralteten Maschinen hatten die republikanischen Piloten fast keine Chancen mehr gegen die modernen deutschen und italienischen Flugzeuge. Während des Rückzuges nach Madrid verlor das „Malraux-Geschwader" beispielsweise 57 von seinen ursprünglich 65 Maschinen. Es war hoffnungslos. Am 7. Oktober 1936 erschienen wieder einmal deutsche Ju 52 über der spanischen Hauptstadt. Diesmal aber warfen sie nicht Bomben ab, sondern es regnete Tausende von Flugblättern auf Madrid. Die spanischen Zivilisten, so stand auf den Blättern zu lesen, sollten so lange ihre Häuser nicht verlassen, bis die Nationalisten am 12. Oktober die Stadt eingenommen hätten.

Der Spanische Bürgerkrieg trat offenbar in seine letzte Phase. Wenn die Republikaner die Hauptstadt verloren, konnten sie sich auch in Barcelona und Valencia nicht halten. Und ob man nun General Franco und seine Politik mochte oder nicht: Die Staaten der Welt begannen sich auf die diplomatische Anerkennung des neuen Regimes vorzubereiten.

Das Nichteinmischungskomitee spielte mittlerweile in London seine unwürdige Komödie weiter. Und die Italiener ließen die Deutschen unter der Hand wissen, daß ihrer Ansicht nach die Nationalisten jetzt genügend Waffen bekommen hätten, während „der Regierung in Madrid Kriegsmaterial jedenfalls fehlt". Deshalb sollten die Regierungen Deutschlands und Italiens daran interessiert sein, daß das Waffenembargo strikt eingehalten werde. Aber obwohl die Italiener und Deutschen tatsächlich schon beträchtliche Mengen an Kriegsmaterial geliefert hatten – es waren auch schon die ersten deutschen Panzer I in Spanien eingetroffen –, lauteten die vertraulichen Berichte des deutschen Geschäftsträgers in Alicante doch etwas anders.

Die Regierung, so meldete der erfahrene Diplomat an seine Dienststelle in der Heimat, sei keineswegs knapp an Waffen und Kriegsgerät, sondern „es kommen enorme Mengen an Kriegsmaterial in den ostspanischen Häfen an und werden von dort sofort nach Madrid weitergeleitet. Es werden besonders Flugzeuge, Feld- und Flakgeschütze sowie Maschinengewehre und Motorräder angeliefert. Dem Vernehmen nach werden auch Panzerkampfwagen ausgeladen. Dank des in großer Menge zur Verfügung stehenden modernen Kriegsgeräts, für das auch die notwendigen Instruktoren vorhanden sind, erhält die Volksarmee nun allmählich ein vollständig neues Aussehen."

Obwohl dieser Bericht schon vom 23. September 1936 stammte, konnte fünf Tage später der deutsche Chargé d'Affaires aus Moskau nur berichten, daß „. . . es bisher unmöglich war, verläßliche Beweise für eine Verletzung des Waffenembargos durch die Sowjetregierung zu erhalten". Der Diplomat teilte allerdings auch mit, daß der sowjetische Frachter „Newa", der am 19. September mit 2000 Tonnen Lebensmitteln aus Odessa nach Spanien abgegangen sei, möglicherweise doch nicht nur eßbare Fracht an Bord hatte . . .

Die Vermutung erwies sich später als recht zutreffend: Als die „Newa" am 25. September 1936 ihre Fracht in Alicante löschte, machte der dortige deutsche diplomatische Geschäftsträger eine ganz interessante Feststellung. In den insgesamt 1360 mit „Fischkonserven" deklarierten Kisten, so erfuhr man wenig später in Berlin, waren in Wirklichkeit russische Infanteriegewehre, und mehr als 4000 Kisten „Preßfleisch", für das – wie auch für alle anderen „Lebensmittel" – nach offizieller russischer Lesart die notwendigen Geldmittel durch „freiwillige Spenden spanischer Werktätiger" aufgebracht worden waren, enthielten Infanteriemunition. Trotzdem – so hieß es dann in dem

Bericht weiter – müsse der Fall von Madrid als sicher angesehen werden.

In Berlin aber, wo man vermutlich besser Bescheid wußte, wollte man sich auch weiterhin mit einer De-facto-Anerkennung des Franco-Regimes so lange zurückhalten, bis die Nationalisten tatsächlich die spanische Hauptstadt in ihrer Gewalt hatten.

Was den ansonsten so wachsamen deutschen Beobachtern im republikanischen Spanien aber entgangen war, stellte sich später als ganz erheblich heraus: Am 10. September 1936 waren 33 russische Techniker im Land eingetroffen und hatten begonnen, die Flugfelder von Carmoli und Los Alcazares für die Aufnahme von russischen Jagd- und Kampfflugzeugen herzurichten. Und am 13. Oktober 1936 trafen an Bord des aus Odessa kommenden Frachters „Bolschewik" die ersten achtzehn Polikarpov I-15 Jagdeinsitzer in Spanien ein. Drei Tage später wurden weitere zwölf Maschinen noch auf See von einem russischen auf ein spanisches Schiff umgeladen und gelangten von dort sicher an Land.

Und während die deutschen und italienischen Jäger noch den Himmel über Spanien beherrschten, braute sich eine Überraschung zusammen, die die Situation grundlegend ändern sollte . . .

# Deutsche gegen Russen

Bis etwa Anfang Oktober 1936 hielten sich in Spanien verhältnismäßig wenige deutsche Wehrmachtsangehörige auf – nach den erhaltengebliebenen Quellen insgesamt nicht mehr als 553 Mann –, und an den tatsächlichen Kampfhandlungen hatten nur ein paar von ihnen teilgenommen. Erst als die deutschen Einheiten unter der Bezeichnung Legion Condor als eigener und unabhängig von den Spaniern organisierter Truppenverband gebildet wurden, begann sich die Situation zu ändern. Der Dienstbetrieb wurde straffer und bald fühlten sich die deutschen Soldaten auch in Spanien wie „daheim bei Preußens".

Was den Einsatz der Legion Condor für General Franco gleich von Anfang an so unentbehrlich machte, war nicht nur der Aufbau der Luftbrücke von Marokko ins spanische Mutterland, sondern auch der Einsatz einer großen Anzahl von verschiedenen modernen Großfunkstellen, mit denen nicht nur die drahtlose Nachrichtenverbindung zwischen den im Norden und Süden Spaniens stehenden Kräften der Nationalisten aufrechterhalten wurde, sondern auch die für die Führung so wichtigen Verbindungen zwischen Stäben und Fronteinheiten. Und auch die Verbindung zwischen der Legion Condor in Spanien und der sogenannten „Gruppe Nordsee" wurde durch Funk hergestellt. Die „Gruppe Nordsee" – das waren Nachrichten-, Minen- und Artilleriefachleute, die sich an Bord der Panzerschiffe „Admiral Scheer" und „Deutschland" befanden und von dort aus die deutschen Kommandobehörden in Spanien bei allen auftretenden Fachproblemen auf dem Funkweg direkt berieten. Es gab auch eine direkte Funkverbindung zwischen Spanien und Berlin, doch wurde diese nur selten in Anspruch genommen.

Um aber direkt auf dem laufenden zu bleiben, entsandte General von Blomberg schon bald den Obersten Warlimont, einen der tüchtigsten jungen deutschen Generalstabsoffiziere, nach Spanien. Warlimont sollte die Spanier nicht nur über den zweckmäßigsten Einsatz des gelieferten deutschen Kriegsmaterials informieren, sondern bei dieser

Gelegenheit auch nach Berlin genaue Meldungen über den tatsächlichen Kriegsverlauf erstatten.

Und der junge Oberst ging seiner Aufgabe gewissenhaft nach. Die nationalistischen Erfolge, so meldete Warlimont, seien seiner Meinung nach hauptsächlich auf die ausgezeichneten soldatischen Qualitäten der „Moros" und der Soldaten der spanischen Fremdenlegion zurückzuführen, all das jedoch nur im Zusammenhang mit dem reibungslosen Funktionieren der deutschen Luftbrücke aus Marokko und dem Einsatz der deutschen He 51 Jagdmaschinen. Solange hier keine Schwächen auftraten, hieß es im Bericht, werde der militärische Erfolg der Nationalisten auch ohne Zweifel weiter anhalten. Bei den höheren Kommandostellen stellte der deutsche Oberst mangelnde Einheitlichkeit und fehlende Disziplin fest. Außerdem, so erfuhr man in Berlin, hätten – mit Ausnahme der ausgezeichneten „Armee von Afrika" – die spanischen Truppenoffiziere nur recht mangelhafte Taktikkenntnisse, und auch die Bewaffnung lasse im allgemeinen zu wünschen übrig. Der Bericht schloß mit der Feststellung, daß ein schneller Sieg Francos durchaus noch im Bereich des Möglichen sei, doch gelte dies nur unter der Bedingung, daß man die Nationalisten möglichst bald mit größeren Mengen an deutschen gepanzerten Räder- und Kettenfahrzeugen, Fliegerabwehr- und Panzerabwehrgeschützen versorgen könne.

Die Situation im Luftkrieg beurteilte Warlimont recht ungünstig für die Nationalisten. So heißt es im Bericht, daß die „Roten" die zahlenmäßige Überlegenheit und auch die bessere Ausbildung hätten und daß diese für Franco negative Bilanz noch dadurch verschlimmert werde, daß die Nationalisten selbst eine falsche Taktik verfolgten. Sie verwendeten ihre eigene Luftwaffe ausschließlich für die taktische Unterstützung der Bodentruppen und vermochten nicht zu begreifen, daß beispielsweise strategische Bombenangriffe auf die gegnerischen Versorgungshäfen und Nachschubwege indirekt wesentlich größere Erfolge zeitigen konnten. Auch die deutschen He 51, so hieß es weiter, würden fast ausschließlich für Luftsicherungsaufgaben verwendet: Die Nationalisten flögen mit ihnen über ihren eigenen Nachschubstraßen Sicherung, anstatt sie aktiv im Luftkrieg gegen feindliche Bomber und Jäger einzusetzen. Von deutscher Seite erwog man damals die Entsendung von Henschel Hs 123 Sturzkampf- und Schlachtflugzeugen nach Spanien. Diesbezüglich, meinte Warlimont, müsse man die Spanier jedoch unbedingt darauf festlegen, daß diese Maschinen ausschließlich für die taktische Erdkampfunterstützung bestimmt seien.

Was man von deutscher Seite veranlaßte oder unterließ, richtete sich natürlich auch danach, was andere Staaten – und hier insbesondere die

Sowjetunion – in Spanien unternahmen. Für das sowjetische Verhalten war zunächst eine vom 28. August 1936 stammende geheime Weisung Stalins maßgeblich, wonach die Ausfuhr von russischen Militärgütern nach Spanien zunächst einmal verboten wurde. Aber schon knapp zwei Wochen später trafen russische Luftwaffentechniker auf dem Schiffsweg in Cartagena ein und begannen, in republikanischer Hand befindliche Luftstützpunkte für die Aufnahme von russischen Jagd- und Kampfflugzeugen herzurichten. Stalin hatte sich also ziemlich rasch doch zur militärischen Intervention entschlossen.

Das war natürlich für die weiteren Schritte von Hitler und Mussolini maßgeblich, und in dieser Hinsicht kam der deutschen diplomatischen Vertretung in der Türkei besondere Bedeutung zu: Was immer die Russen auf dem Schiffsweg nach Spanien sandten, lief durch die Dardanellen. Und die Deutschen in der Türkei registrierten sehr genau, welche russischen Schiffe mit welchen Ladungen sich durch die Meer- enge in Richtung Mittelmeer bewegten . . .

Nachdem die Russen zunächst zwölf Jäger nach Spanien geschickt hatten, trafen am 16. Oktober 1936, als die Schlacht um Madrid auf ih- rem Höhepunkt war, weitere achtzehn Jagdflugzeuge vom Typ Poli- karpov I-15 im Hafen von Cartagena ein. Außerdem lud man insge- samt 50 russische Panzerkampfwagen aus. Der Royal Navy entging nicht, was im Hafen von Cartagena vorging. Man informierte diesbe- züglich die Admiralität und auch das formell „zur Überwachung der Einhaltung des Waffeneinfuhrembargos" in spanische Gewässer ent- sandte deutsche Panzerschiff „Deutschland". Wenig später wußte da- her auch Berlin Bescheid.

Ebenfalls noch am 16. Oktober trafen 150 Angehörige der russi- schen Luftwaffe – darunter 50 Piloten – und mindestens 100 Mann Panzerbesatzung in Spanien ein. Man verlor keine Zeit: Auf dem Flugplatz von Los Alcazares begann man unverzüglich, spanische Jä- gerpiloten für den Einsatz mit der I-15 auszubilden, und in Alicante bereiteten sich die Russen selbst darauf vor, gegen die nationalspani- schen Flugzeuge anzutreten.

Die sich bereits im September 1936 sehr schnell zuungunsten der Republikaner entwickelnde militärische Situation hatte die Regierung in Madrid auch zu einigen entscheidenden organisatorischen Ände- rungen für den militärischen Bereich veranlaßt. Man tat, was schon gleich zu Beginn des Krieges vonnöten gewesen wäre: Den Einheiten der Anarchisten wurde ihre bisher bestehende Unabhängigkeit ge- nommen, und man bezog sie fest in die allgemeine militärische Be- fehlsgewalt ein. Gleichzeitig wurden im ganzen Bereich der republika-

Sturzkampf- und Schlachtflugzeug Henschel Hs 123.

nischen Streitkräfte politische Kommissare ernannt. Auch dadurch er-
hoffte man sich eine Stärkung der Truppenmoral, weil viele republikanische Soldaten denjenigen unter den regulären Heeresoffizieren, die
sich auf die republikanische Seite geschlagen hatten, nicht recht über
den Weg trauten und ihnen mit anhaltendem Mißtrauen begegneten.
Allmählich entwickelte die Regierung die Kampfkraft, die schließlich
imstande war, der „Armee von Afrika" gleich leistungsstark entgegenzutreten.

Mittlerweile entschlossen sich die Nationalisten zum entscheidenden Angriff auf die spanische Hauptstadt: Noch waren sie stärker als
der Gegner. Aber wenn die Republikaner das vor kurzem eingetroffene russische Material an die Front brachten, konnte sich die militärische Situation rasch verändern. Der nationalistische Angriff begann am
15. Oktober 1936 vom südwestlichen Teil des Einschließungsringes
um Madrid her. Die Truppe, die sich schon in Toledo besonders aus-

gezeichnet hatte, rückte innerhalb von drei Tagen 27 km weit vor und eroberte die Stadt Illescas, 37 km süd-südwestlich von Madrid. Eine aus dem mittleren Teil der von der „Armee von Afrika" gehaltenen Front heraus angreifende Truppe (die „Erste Kolonne") erzielte noch größere Erfolge. Es handelte sich dabei um einen aus zwei „Tabors" Marokkanern und einer „Bandera" der Fremdenlegion bestehenden Verband, der – aus der Luft von Ju 52 und He 51 und am Boden durch zusätzliche Batterien von 7,5 cm-Feldgeschützen unterstützt – massiv angriff und bis nach Navalcarnero, nur etwa 30 km südwestlich vom Madrider Stadtkern, vorstieß. Gleichzeitig erzielten an dieser Front auch zwei weitere Angriffsgruppen, die dritte und die vierte Kolonne der Nationalisten, ebenfalls massiv von Kampfflugzeugen aus der Luft und am Boden durch einige Batterien von 10,5 cm-Feldgeschützen unterstützt, beachtliche Angriffserfolge: Sie kämpften sich über bergiges und bewaldetes Gelände bis nach Chapineria, etwa 45 km westlich von Madrid, durch. Der Erfolg schien zum Greifen nahe. So nahe, daß beispielsweise der deutsche Außenminister, Baron von Neurath, seinen Botschafter in Rom anwies, an die italienische Regierung mit dem Vorschlag heranzutreten, daß sowohl das Königreich Italien als auch das Deutsche Reich die Franco-Regierung offiziell anerkennen sollten, sobald Madrid erobert wäre. Und das, so ließ der deutsche Außenminister die diplomatische Vertretung in Rom wissen, werde ja nun schon im Verlaufe „dieser oder der nächsten Woche" der Fall sein . . .

Mittlerweile bekamen die bis dahin nur von kurzen Bombenangriffen heimgesuchten Madrider den Ernst der Lage deutlich zu spüren. Erstmals wurde Ausgangssperre verhängt; die meisten Nahrungsmittel, Milch, ja sogar Wasser wurden rationiert. Und während man in der Ferne schon das Rumpeln und Rollen der Artillerieschlacht hörte, lief eine „Reinigungswelle" durch die spanische Hauptstadt: Wer sich francofreundlicher Neigungen verdächtig gemacht hatte, wurde nach einem Schnellverfahren erschossen. Und, wie immer in solchen Situationen, wurden so manche private Rechnungen beglichen . . . Die linken Gruppierungen, uneinig auch in dieser für alle lebensbedrohlichen Situationen, führten ihre politischen Fehden weiter. So manchen holten seine politischen Gegner aus dem eigenen Lager noch aus dem Haus, während der gemeinsame Gegner schon zum entscheidenden Schlag ausholte.

Die Kommunisten und Anarchisten bildeten die wichtigsten politischen Gruppierungen auf republikanischer Seite. Beide Parteien hatten in der Zeit nach dem Ausbruch des Bürgerkrieges enormen Zustrom erhalten. Die Kommunistische Partei, an straffe Disziplin seit jeher gewöhnt, hielt ihre Kader streng unter Kontrolle. Daran änderte sich auch nach den massenhaften Mitgliedersteigerungen gleich nach Ausbruch des Bürgerkrieges nichts. Für die FAI, die Bewegung der Anarchisten, war Disziplin dagegen ein schmutziges und verhaßtes Wort, das nicht zu ihren Zielen paßte.

Den Kommunisten gelang mit der Bildung des sogenannten „Fünften Regiments" ein ausgezeichneter Schachzug. Das „Fünfte Regiment" – den Namen erhielt die Einheit, weil bei Beginn des Bürgerkrieges vier reguläre Regimenter des spanischen Heeres in der Hauptstadt gelegen hatten – bestand aus wehrtüchtigen Aktivisten und wurde von Parteigenossen geführt, die ihre militärische Ausbildung in der Sowjetunion erhalten hatten. Die Bezeichnung „Regiment" war allerdings nicht ganz zutreffend: Die „Parteiarmee" verfügte über eine große Anzahl von Stabsoffizieren, errichtete eigene militärische Ausbildungsstätten und war im Dezember 1936 bereits auf etwa 70.000 Mann angewachsen. Der Militärattaché der russischen Botschaft bemühte sich mit seinem Personal nach Kräften um den weiteren Ausbau des „Fünften Regiments", das man – ebenfalls eine kluge Entscheidung – in Bataillone aufteilte, von denen jedes entweder den Namen einer bekannten kommunistischen Persönlichkeit des In- oder Auslandes oder die Bezeichnung eines für den internationalen Kommunismus wesentlichen Ortes oder Geschehnisses trug.

Da sich die Franco-Truppen nun im Oktober 1936 der spanischen Hauptstadt bereits gefährlich weit genähert hatten, versuchten die Republikaner, die militärische Situation durch eine Reihe von Gegenoffensiven zu entspannen. Diese konzentrierten sich in der Gegend von Chapineria und Illescas und liefen recht erfolgversprechend für die Regierungstruppen an. Die „Armee von Afrika" hielt jedoch die Front, und der Einsatz von Reserven stabilisierte die Lage: Während ein entscheidender Durchbruch auf dem Boden nicht gelang, wurden die Republikaner pausenlos aus der Luft mit Bomben und Bordwaffen angegriffen. Die republikanische Luftwaffe war nicht mehr existent.

Was nach den fehlgeschlagenen Entlastungsoffensiven blieb, war der Rückzug nach Madrid. Da aber den meist noch recht unerfahrenen Soldaten ebenso wie der Führung selbst das notwendige taktische Geschick fehlte, verwandelte sich der Rückzug der Republikaner nach Madrid in eine militärische Tragödie, die zu schweren Menschen- und Materialverlusten führte.

Die Nationalisten dagegen bekamen Nachschub: vier weitere Staffeln Ju 52 Bomber, neue italienische „Ansaldo"-Panzerkampfwagen und eine neue – die fünfte – aus Angehörigen der spanischen Fremden-

In einem Vorort von Madrid: Warten auf den Feind . . .

legion bestehende Angriffskolonne. Die Truppen der „Armee von Afrika" gingen neuerlich zum Angriff auf Madrid über. Die aus drei verschiedenen Abschnitten des Einschließungsringes vorgetragenen Angriffsstöße kamen zwar zunächst vorwärts, blieben jedoch dann wieder vor den improvisierten Stellungen der Madrider Verteidigung liegen. Was die Republikaner nach ihren so katastrophal fehlgeschlagenen Entlastungsangriffen hier militärisch zu leisten imstande waren, erregte die unverhohlene Bewunderung des Auslandes.

Während sich in Madrid selbst die Bataillone des kommunistischen „Fünften Regiments" auf den Entscheidungskampf um die Hauptstadt vorbereiteten, erwiesen sich die militärischen Untugenden der Anarchisten im Kampf gegen die vordringenden Nationalisten nun vorübergehend als recht vorteilhaft: Die Anarchisten operierten unabhängig voneinander und ohne zentrale Führung in kleinen Gruppen an den Flanken der angreifenden Franco-Truppen und brachten ihnen

Zum Schanzen für die Sache der Republik: Wird die Hauptstadt dem Angriff der Nationalisten standhalten?

durch ihre unorthodoxe Kleinkriegführung immer wieder beachtliche Verluste bei. Wenngleich sich die Anarchisten auch weiterhin an die Befehle des Madrider Kriegsministeriums grundsätzlich nicht gebunden fühlten, begannen die politischen Fraktionen der Linken nun allmählich doch unter dem Druck der drohenden militärischen Niederlage enger zusammenzurücken. Man hatte durch die Uneinigkeit und durch das Fehlen eines wirksamen gemeinsamen militärischen Kommandos schon zu viele Möglichkeiten vertan – und jetzt, da sich die Truppen der „Armee von Afrika" mit deutscher und italienischer Unterstützung zum entscheidenden Vernichtungsschlag anschickten, blieb endlich keine Zeit mehr für fruchtloses Parteiengezänk der einzelnen Gruppen. Sogar die Anarchisten schienen das allmählich zu begreifen und gaben mit der Parole „Krieg jetzt – Revolution später" eine für sie höchst ungewöhnliche Losung aus.

Auch den Deutschen entging der ständig erbitterter werdende Widerstand des Gegners selbstverständlich nicht. Das Wort „Rückzug" gab es für die Verteidiger der spanischen Hauptstadt nicht mehr – und für den Kampf gegen einen Feind, der lieber den Tod als die Kapitulation wählte, verfügte General Franco weder über ausreichend Soldaten noch Material. Außerdem gingen die Waffenlieferungen aus der Sowjetunion und aus Mexiko ständig weiter, und auch die Flugzeugverluste der Republikaner wurden durch das Einlangen neuer Maschinen aus Frankreich allmählich ausgeglichen. Wollte man die Sache der Nationalisten daher zu einem siegreichen Ende führen, mußten auch die deutschen Waffenlieferungen nach Spanien verstärkt werden.

Deutscherseits war zur diesbezüglichen Fühlungnahme Admiral Canaris entsandt worden, und nachdem es allmählich klar wurde, daß Madrid nicht so leicht fallen würde wie Toledo, erhielt der Admiral am 30. Oktober 1936 genaue Anweisungen von seiten der Reichsregierung. Canaris, so teilte man mit, möge General Franco doch ganz nachdrücklich darauf hinweisen, daß man „die bisher sowohl im Erdkampf als auch im Luftweg angewendete Taktik . . . nicht für erfolgversprechend halte". Man ließ auch wissen, daß man deutscherseits durch die unzureichende Ausnützung der militärisch günstigen Lage und durch die Verzettelung des Luftwaffeneinsatzes eine ernste Gefahr für die bisher erreichten Ziele sehe. General Franco, so sollte Canaris dem Spanier mitteilen, könne zwar auch weiterhin mit großzügiger deutscher Unterstützung rechnen, aber nur, falls er bereit sei, sich an die folgenden Bedingungen zu halten:

a) Die Führung der in Spanien kämpfenden deutschen Einheiten muß ausschließlich durch deutsche Offiziere erfolgen. Dies gilt inoffiziell. Der offizielle spanische Führungsanspruch nach außen hin bleibt davon unberührt und unangetastet.

b) Alle deutschen Flieger-, Luftabwehr- und Luftnachrichteneinheiten samt den entsprechenden Versorgungs- und Nachschubeinrichtungen in Spanien werden in einem zu bildenden deutschen Luftwaffencorps in diesem Lande zusammengefaßt.

c) In den Aufgabenbereich der Spanier fällt dagegen der Schutz und die Sicherung deutscher Flugbasen. Die Spanier haben zu diesem Zweck Bodentruppen in entsprechendem Ausmaß zur Verfügung zu stellen.

d) Heeres- und Luftwaffeneinsätze müssen in engster Abstimmung aufeinander erfolgen. Die Kriegführung muß in Zukunft aktiver und systematischer vorangetrieben werden. Vordringliches Ziel ist zunächst die Bombardierung und die nachfolgende Inbesitznahme der von den Russen benützten spanischen Nachschubhäfen.

Falls General Franco diesen Bedingungen zustimmte, war Canaris ermächtigt, ihm mitzuteilen, daß Deutschland bereit war, folgende Kriegsgüter sofort abzuschicken: eine Gruppe Kampfflugzeuge, eine Jägergruppe, eine Fernaufklärerstaffel und dazu noch einige Nahaufklärer, außerdem einige Flakbatterien samt dem dazugehörigen Bedienungspersonal und sonstige Truppen. Franco stimmte den Bedingungen zu, und die deutschen Lieferungen gingen unverzüglich ab.

Schon am 6. und 7. November 1936 kamen insgesamt 6500 deutsche Soldaten in Cadiz an. Man hieß sie willkommen und dankte ihnen im Namen Spaniens für ihre Hilfe im Kampf gegen den Bolschewismus. Für die angekommenen Deutschen antwortete ihr Kommandant, der damalige Generalleutnant Hugo von Sperrle, der mit seinem Chef des Stabes, Oberstleutnant Wolfram von Richthofen, schon einige Zeit zuvor in Spanien eingetroffen war, mit einer kurzen Ansprache und dem Versprechen, man werde das Land erst nach der Erringung des Sieges verlassen.

Aus den neugelieferten deutschen Kampfflugzeugen bildete man insgesamt vier Staffeln zu je zwölf Junkers Ju 52 und gab dem Ganzen die Bezeichnung „Kampfgruppe K/88". Aus den ebenfalls neueingelangten vier Staffeln Heinkel He 51 Jägern wurde die „Jagdgruppe J/88" gebildet. Neu aufgestellt wurde außerdem eine aus Heinkel He 59 und He 60 gebildete Seestaffel und eine mit Heinkel He 46 ausgerüstete Verbindungs- und Nahaufklärungsstaffel für das Heer.

Der Staffel bei der Luftwaffe entsprach im Heer die Kompanie beziehungsweise Batterie und die Schwadron. Eine Staffel – gleichgültig, ob Kampf-, Jagd-, Transport- oder Aufklärungsflugzeuge – bestand üblicherweise aus zwölf Maschinen. Zwei Staffeln bildeten eine Gruppe, drei Gruppen ein Geschwader. Dazu kamen noch zusätzliche Maschinen beim Gruppen- und Geschwaderstab. Diese Gliederung bestand in der deutschen Luftwaffe in ihren grundsätzlichen Zügen bereits bei Beginn des Spanischen Bürgerkrieges und wurde bis zum Ende des Zweiten Weltkrieges mit nur geringen Ausnahmen – so gab es beispielsweise bei den Aufklärern und Seefliegern keine Gliederung in Geschwader – unverändert beibehalten. Ein Geschwader bestand meist aus etwa 120 Maschinen.

An Flakgeschützen erhielten die Spanier die ausgezeichnete 8,8 cm-Flak und die 3,7 cm-Flak, die auch gegen Panzer eingesetzt werden konnten. Die „8,8" war damals – und noch für viele Jahre – das beste Geschütz der Welt. Es schoß mit einer bei 900 m/sec liegenden Mündungsgeschwindigkeit maximal 20 Granaten pro min bis in Höhen von 11.000 m.

Gemeinsam mit den Flugzeugen und Geschützen kamen Scheinwerfereinheiten, Luftnachrichtentruppen, Bodenpersonal, Horst- und Sanitätseinheiten und das entsprechende Stabs- und Verwaltungspersonal neu nach Spanien.

Was für eine zweckmäßige Verstärkung der Nationalisten noch fehlte, waren schwere Artillerie und Panzerfahrzeuge. Da es aber den Nationalisten an Artillerie nicht besonders mangelte, brauchten die Deutschen zunächst nur Panzer zu schicken. Zwei Wochen nach dem Eintreffen der deutschen Kräfte in Cadiz ließ man in Kassel gepanzerte und motorisierte Truppen antreten und forderte sie auf, sich freiwillig für einen wichtigen Einsatz „in der warmen Sonne, aber nicht gerade harmlos", jedoch mit guten Beförderungschancen zu melden. Von den insgesamt 1700 angetretenen Soldaten meldeten sich nur 150 freiwillig. Darunter 35 Panzersoldaten des 29. Panzerregiments, 40 Mann des 9. Maschinengewehr-Bataillons und zwischen 70 und 80 Mann Kavallerie. Man teilte den Freiwilligen mit, daß sie nach Spanien gehen sollten. Wer in Süddeutschland daheim war, bekam Urlaub und den Befehl, sich zu einem bestimmten Zeitpunkt in Zivilkleidung an einem Sammelpunkt in München zu melden. Von München aus ging die Fahrt zunächst nach Genua und von dort aus auf einem italienischen Passagierschiff nach Cadiz. Die Freiwilligen aus den norddeutschen Gebieten fuhren auf deutschen Frachtschiffen von Cuxhaven, Wilhelmshaven und Bremerhaven aus zusammen mit ihren ebenfalls an

Bord der Schiffe genommenen Waffen nach Spanien ab. Mannschafts-
dienstgrade bekamen 500 Reichsmark Sold im Monat und die Unteroffiziere 700 Reichsmark. Chef der deutschen Panzerverbände war der
damalige Oberst Ritter von Thoma, der später als General in Afrika
unter Rommel zu Recht überaus bekannt wurde.

Was man deutscherseits als erstes Ziel befohlen hatte, war die nach-
haltige Bombardierung der von den Russen benützten Ausladehäfen.
Und die „Kampfgruppe K/88" machte sich an die Arbeit. Bald stellte
sich heraus, daß die schweren Ju 52 Mühe hatten, die bald winterlich
verschneiten Berge der Sierra Nevada zu überfliegen. Die Vereisungs-
gefahr bildete eine ständige Sorge der Besatzungen. Also verlegte man
die Kampfflieger nach Mellilla in Spanisch-Marokko, von wo aus sie
ihre Ziele weitaus besser angreifen konnten, als von Basen im spanischen Mutterland aus. Die deutschen Kampfflugzeuge begannen, die
Ausladeeinrichtungen der gegnerischen Hafenanlagen durch ihre Angriffe nachhaltig zu zerstören. Bevor sich diese Einsätze aber noch
strategisch auszuwirken begannen, erhielten die Kampfverbände einen
neuen Auftrag: Einsatz gegen Madrid, um die Moral der Zivilbevölkerung endlich zu brechen . . .

Die Deutschen bemühten sich nun nicht mehr allzu sehr um Geheimhaltung, jedenfalls in Spanien nicht. Die Legionäre erhielten jetzt
auch neue olivbraune Uniformen, blanke Lederstiefel und neue Rangabzeichen. Diese wurden an der linken Brustseite des Waffenrocks und
vorne an der Mütze getragen und bestanden bei Mannschaften und
Unteroffizieren aus schmalen goldfarbenen Streifen auf einem Stoffun-
tergrund in der jeweiligen Waffenfarbe. (Zum Beispiel: Unteroffizier –
zwei vertikale Streifen auf dem Waffenrock, zwei horizontale Streifen
vorne auf der Mütze.) Dem spanischen „Alferez" (Unterleutnant) entsprechend, der einen Stern auf der linken Brustseite und einen ebensol-
chen Stern vorne an der Kopfbedeckung trug, wurde der deutsche
Leutnant durch zwei silberne Sterne auf der linken Brustseite und an
der Mütze gekennzeichnet. Ein Oberleutnant hatte drei solche Sterne
als Dienstgradabzeichen. Daß die silbernen Rangabzeichen der Offiziere bis zum Oberleutnant sechszackig waren, also die Form des
„Davidsternes" aufwiesen, registrierten die Spanier nicht ohne über-
raschtes Interesse. Vom Hauptmann aufwärts wurden achtzackige
goldene Sterne auf Brust und Kopfbedeckung getragen (Hauptmann:
1 Stern, Major: 2 Sterne, Oberstleutnant: 3 Sterne). Fliegendes Personal erkannte man an der gelben Waffenfarbe, die den Untergrund für
die Rangabzeichen bildete. (In der deutschen Wehrmacht verfügte jede
Waffengattung über eine sie bezeichnende Waffenfarbe: fliegendes

Personal der Luftwaffe: gelb, Flakartillerie und Artillerie: rot, Panzer und Panzerabwehr: rosa, Infanterie: weiß usw. Anm. d. Ü.) Mit Ausnahme von Generalen, die Schirmmützen trugen, gehörte bei allen anderen Dienstgraden die „Feldmütze ohne Schirm" – das Schiffchen – zum Dienst- und auch zum Ausgangsanzug.

Gleichzeitig mit der Einführung der neuen Uniformen und Dienstgradabzeichen faßte man nun alle in Spanien dienenden Angehörigen der deutschen Wehrmacht unter der Bezeichnung Legion Condor zusammen. Wer ihr angehörte, war – auch offiziell – „Legionär". Was die Deutschen freute, sahen die Spanier teilweise mit Mißgunst und mühsam verborgenem Neid: Die deutschen Soldaten hatten nicht nur schickere Uniformen und verfügten über einen wesentlich höheren Sold als die Spanier, sondern sie brauchten sich nunmehr auch von keiner spanischen Dienststelle mehr Befehle erteilen zu lassen.

Die meisten Angehörigen der Legion Condor befanden sich damals in Nordspanien, wo General Mola das Kommando führte. Das „Maria Isabel", das größte Hotel in Burgos, wurde von den Deutschen vollständig in Beschlag genommen. Vom Dach wehte die Hakenkreuzfahne, und vor dem Hoteleingang standen Posten mit Stahlhelm, die die Papiere aller Gäste kontrollierten, auch der Spanier, die wegen der deutschen Einquartierung das Hotel verlassen mußten. Die Mahlzeiten durften die Spanier weiterhin im Hotel einnehmen, aber ansonsten war für sie alles „verboten". Wie üblich waren nach den Einquartierungen auch die Bordelle von Burgos stets gut besucht. Das größte von ihnen, „La Luisa", war ausschließlich für die Italiener reserviert. Aber die eigentlichen „guten Häuser", das „Lola" und das „Carmen", blieben den Deutschen vorbehalten. Eines war nur für Offiziere vorgesehen, im anderen wieder waren ausschließlich Unteroffiziere und Mannschaften zugelassen. Der Bordellbetrieb wurde nach deutschen Richtlinien sauber und hygienisch organisiert: Man bezahlte gleich am Eingang und erhielt eine Karte, die zur Inanspruchnahme der weiteren Leistungen des Hauses berechtigte. Ein anderes Bordell, das „Pequez", ein großes und freundlich-betriebsames Haus, blieb den Spaniern und den „Moros" überlassen.

Die Anwesenheit der Deutschen und der Italiener war unübersehbar: Wohin man auch blickte, alles war mit deutschen und italienischen Fahnen dekoriert, und die Sendungen von Radio Burgos schlossen jeden Abend mit der spanischen Hymne „Cara Al Sol", der italienischen „Giovinezza" und dem „Deutschlandlied". Die Radioprogramme der Republikaner endeten in dieser Zeit regelmäßig mit der in verschiedenen Sprachen gesungenen „Internationale".

Eine beschädigte Heinkel He 59. Wie für die meisten im Bürgerkrieg zum
Einsatz gekommenen Maschinen fand die Truppe auch für die He 59 bezeich-
nende Spitznamen. Die Nationalisten nannten die Maschinen „Zapatomes"
(„Große Schuhe" – wohl wegen der beiden großen Schwimmer), für die
Republikaner war sie einfach die „Aqua Heinkel".

Etwa zwei Wochen vor dem Eintreffen der deutschen Verstärkungen in Spanien begannen die Nationalisten mit einer neuen großen Offensive gegen Madrid. Man griff im Süden der Stadt in einem nach
Südosten gerichteten Stoß an, um zunächst einmal alle Nachschubwege zu den in republikanischer Hand befindlichen Ausladehäfen am
Mittelmeer abzuschneiden, und beabsichtigte im Anschluß daran einen
massiven Stoß vom Westen her direkt gegen den Stadtkern, von wo aus
man dann den republikanischen Widerstand auch in den äußeren Be-
zirken von Madrid zu brechen hoffte. Der erste Angriff vom Westen
her schlug fehl, die Angreifer gerieten an eines der Bataillone des

kommunistischen „Fünften Regiments" und blieben im Abwehrfeuer liegen. In einer falschen Einschätzung der Feindstärke verlegte man daraufhin das Schwergewicht des Angriffes von der rechten Seite in die Mitte des Angriffssektors, wo man aber zufällig auch auf die Hauptkräfte der Verteidigung stieß. Erst zu spät stellte man auf seiten der Nationalisten fest, daß man sich geirrt hatte: Wäre der Schwerpunkt des Angriffes auf der rechten Seite geblieben, hätte man durchbrechen können.

Einige Tage vor dem Angriff gegen Madrid hatten die Russen zahlreiche Panzer ausgeladen und bereiteten sich auf den ersten Einsatz vor. Die Situation ließ aber nun ein weiteres Zuwarten nicht mehr zu. Wofür man eigentlich noch eine bis zwei Wochen veranschlagt hatte, mußte jetzt ganz rasch gehen: 40 der insgesamt 50 vorhandenen Russenpanzer wurden schnell zum Einsatz fertiggemacht und rollten wenig später als „Abteilung Krivosheim" an die Front vor Madrid. Gleichzeitig wurde eine Anzahl von russischen Maschinengewehrschützen zur Verstärkung der Abwehr nach Madrid in Marsch gesetzt.

In der Morgendämmerung des 28. Oktober 1936 griffen Truppen des „Fünften Regiments" von Aranjuez her die von nationalistischer Kavallerie gehaltenen Stellungen in den Städten Sesena und Esquivias an. Die mit Kanonen ausgestatteten Kampffahrzeuge drangen in die Städte ein und richteten unter den verzweifelten, aber mit nur wenig Aussicht auf Erfolg fechtenden Nationalisten Chaos und Verwirrung an. Die italienischen „Ansaldo"-Panzer, die den Verteidigern zu Hilfe zu kommen versuchten, hatten wenig Chancen: Wie auch die deutschen „Panzer I" verfügten die „Ansaldos" nur über Maschinengewehre als Hauptbewaffnung und waren den russischen Kanonenpanzern hoffnungslos unterlegen. Die Republikaner konnten ihren Durchbruch jedoch nicht ausweiten. Wohl waren die marokkanischen Kavalleristen gegen die russischen Panzer hilflos. Die Infanteristen des „Fünften Regiments" aber, die den Panzern folgten, blieben im Maschinengewehrfeuer der Nationalisten liegen und konnten den Anschluß an ihre Panzer nicht halten. Ohne Infanterie aber war für die Kampfwagen der längere Aufenthalt in den beiden Städten zu gefährlich, und die Russen mußten sich daher aus diesem Grund ebenfalls zurückziehen.

Die Gefahr war vorbei – aber der „Panzerschreck" war den Nationalisten ordentlich in die Knochen gefahren und bewog sie bei allen folgenden eigenen Angriffen zu weitaus vorsichtigerem Vorgehen als bisher.

Am 1. November 1936 begannen die Truppen der „Armee von

Spanische Nationalisten fertigen deutsche und italienische Fahnen an.

Jagdeinsitzer „Polikarpov I-16". Das Foto zeigt eine Beutemaschine mit nationalspanischem Abzeichen.

Afrika" mit fünf Angriffskolonnen einen neuen Generalangriff auf die spanische Hauptstadt. Man wollte mit aller Gewalt das entscheidende Loch in die Abwehrfront der Republikaner schlagen, die Bresche, durch die dann 20.000 hinter den Sturmtruppen wartende Infanteristen zum Stoß gegen Madrid antreten konnten. Fünf Tage lang dauerte die Angriffsschlacht. Immer wieder griff die Infanterie der Nationalisten nach massiver Artillerievorbereitung an. Die Bomber und Jäger der Legion Condor flogen einen Großeinsatz nach dem anderen. Auch die Republikaner warfen alles in die Schlacht, was sie besaßen: Zum ersten Mal erschienen die neuen russischen Kampfflugzeuge SB-2 Katjuscha im Luftraum und bombardierten von den Franco-Truppen gehaltene Städte wie Talavera de la Reina, Caceres, Cordoba und Granada.

Der Luftkrieg forderte große Opfer, vor allem auch unter der Zivilbevölkerung, die entweder den Kämpfen gleichgültig gegenüberstand, oder oft auch – nur durch die Zufälle des Krieges in dem Herrschafts-

Kampfflugzeug und Aufklärer Dornier Do 17.

bereich einer Bürgerkriegspartei geraten – im stillen mit der anderen sympatisierte. Was später im Zweiten Weltkrieg häufig vorkam, wurde erstmals in Spanien praktiziert: der Sättigungsangriff auf Flächenziele, wie beispielsweise große Städte. Daß bei dieser Art der Kriegführung hauptsächlich Zivilisten ihr Leben lassen müssen, nahm man offenbar auf beiden Seiten gelassen hin.

Die nationalistische Offensive blieb nicht ohne Erfolg: Die Republikaner mußten dem Druck weichen und wurden allmählich immer weiter auf Madrid zurückgedrängt. Was sich auf den von flüchtenden Zivilisten bereits völlig verstopften Rückzugstraßen abspielte, war unbeschreiblich. Die Nationalisten nützten ihre Chance und blieben dem weichenden Gegner auf den Fersen. Ein nationalspanischer Offizier beschrieb die Situation: „Wir verluden unsere Soldaten auf insgesamt 120 Fahrzeuge. 80 Autos waren von Legionären besetzt, auf dem Rest saßen ‚Regulares‘ (marokkanische Soldaten). Hinter den Mannschaftsfahrzeugen kamen acht Munitionsautos, ein Tankwagen, eine Ambulanz und am Ende ein Stabsfahrzeug mit aufmontiertem Maschinengewehr. Sobald wir irgendwo auf Widerstand stießen – sei es, daß die republikanische Artillerie Störfeuer schoß oder daß wir unter Infanteriebeschuß kamen –, ließen wir unsere Leute absitzen, am Straßenrand in Stellung gehen und Maschinengewehre aufbauen. Das war immer richtig, denn die roten Milizionäre hielten ständig die gleiche Angriffstaktik ein: Sie rückten der Straße entlang vor. Gleichzeitig forderten wir auf dem Funkweg Luftwaffenunterstützung an. Dann brauchte man nur noch zu warten. Wenn die Milizionäre dann kamen – fast immer in dichten Haufen und nur auf der Straße –, ließen wir sie ziemlich weit vorgehen, und dann, wenn die Position günstig war, eröffneten die Maschinengewehre aus dem Gelände rechts und links der Straße das Feuer auf die Roten. Die Milizsoldaten wurden förmlich niedergemäht. Bevor sie sich dann noch irgendwie neu formieren konnten, waren meist schon unsere Bomber und Jäger über ihnen. Das brach ihre Moral vollständig, und sie flohen meist panikartig zurück in Richtung Madrid. Was aber nach den Tiefangriffen unserer Jäger dann dort noch ankam, mußte zahlenmäßig schon recht zusammengeschrumpft sein!"

Am 4. November 1936 fiel der Flugplatz Getafe, nur dreizehn km vom Stadtzentrum Madrids entfernt, in die Hände der Nationalisten. General Mola berief eine Pressekonferenz ein, in der er mitteilte, Madrid werde am 7. November eingenommen werden, „um den Jahrestag der bolschewistischen Revolution entsprechend zu feiern". Er, Mola, habe übrigens auch bereits jene Leute mitgebracht, welche die Verwaltung der eroberten Hauptstadt übernehmen sollten. Man war tatsächlich ziemlich siegessicher. Radio Burgos begann eine Sendereihe mit dem Titel „Die letzten Stunden von Madrid" auszustrahlen, und Radio Lissabon stimmte am 5. November seine Zuhörer bereits auf „den auf einem weißen Pferd in Madrid einreitenden General Franco" ein. Der britische Geschäftsträger teilte seiner Regierung unter dem Eindruck der Situation mit, daß es sich nur noch um Stunden handeln könne, bis die Nationalisten in Madrid einzögen. Und die nationalistischen Parteigänger, welche in der Hauptstadt im sicheren Asyl der britischen Botschaft saßen, bereiteten ein großes Befreiungsfest vor.

Der Widerstand der Milizionäre, die die Verteidigungsstellungen im Zentrum hielten, erlosch schließlich, weil sie tagelang keine Verpflegung erhielten und sie der Hunger zur Aufgabe zwang. Dazu kamen pausenlose Luftangriffe und äußerster Munitionsmangel bei der Infanterie und auch bei der Artillerie: Wo man hätte Sperrfeuer schießen müssen, wurden den Kanonieren die Granaten einzeln vorgezählt. Viele beherrschende Stellungen mußten aus diesen Gründen den andrängenden Nationalisten sogar völlig kampflos überlassen werden. Die Regierung verließ Madrid und floh in Privatfahrzeugen nach Valencia. Nur vier Elite-Bataillone des „Fünften Regiments" hielten ihre Stellungen ohne Rücksicht darauf, was links und rechts von ihnen geschah: Die offiziell als Kommunisten deklarierten Soldaten konnten sich ausrechnen, daß sie nach einer eventuellen Kapitulation keine Gnade vom Gegner zu erwarten hatten.

Am 5. November erlebten die republikanischen Verteidiger am Himmel über Madrid ein überraschendes Schauspiel: In das dumpfe Dröhnen eines wie üblich anfliegenden Verbandes von Ju 52 Kampfflugzeugen mischte sich plötzlich ein ungewohnter Motorenton, dann war das Knattern von Maschinengewehren zu hören, und ein neuartiges, noch nie gesehenes Jagdflugzeug mit roten Flügelspitzen flog eine Ju 52 an, beschoß sie und brachte den Bomber zum Absturz. Und dann kamen immer mehr Jäger von allen Seiten und stürzten sich mit überlegener Geschwindigkeit auf die Ju 52, die den Angriff abbrachen und schnellstens in Richtung zu den eigenen Linien zurückflogen. Das war der erste Einsatz der neu in Spanien angelangten russischen Jäger. Die Polikarpov I-16 war ein kleiner, schneller und gut bewaffneter Jagdeinsitzer mit Einziehfahrwerk, der bei den Republikanern bald unter dem Namen „Mosca" (Fliege) bekanntwerden sollte, während die Nationalisten die Maschine mit begreiflicher Abneigung nur „Rata" (Ratte) nannten. (Die I-16 behielten die Russen auch während des Zweiten Weltkriegs im Einsatz.) Gleichzeitig mit der „Rata" tauchte in Spanien auch die Polikarpov I-15 auf, ein kleiner doppeldeckiger Jagdeinsitzer, den die Republikaner „Chato" (Stummelnase) nannten, während ihn die Nationalisten einfach als „Curtiss" bezeichneten. Mit den Jägern brachten die Russen auch das Kampfflugzeug SB-2 Katjuscha zum Einsatz. Diese drei Flugzeugtypen waren es, welche die Luftherrschaft der Nationalisten innerhalb kurzer Zeit brachen. Da die neuen Maschinen den deutschen und italienischen Fliegern, die sie als erste sichteten, völlig unbekannt waren, hielt man die Polikarpov I-15 zunächst für eine Curtiss, die I-16 identifizierte man wegen der äußerlichen Ähnlichkeit als eine Boeing P-26 (obwohl die „Rata" im Gegensatz zur P-26 ein Einziehfahrwerk besaß!) und die SB-2 für ein amerikanisches Kampfflugzeug vom Typ Martin 139. Den Russen war diese Verwirrung nur recht, und um sie noch weiter zu steigern, ließen sie eine wirkliche Martin 139 mit republikanischem Hoheitsabzeichen fotografieren und das Bild veröffentlichen.

Das überraschende Erscheinen überlegener russischer Flugzeugtypen veranlaßte allerdings auch die Deutschen, wenig später ihre modernsten Maschinen zur Unterstützung der Nationalisten nach Spanien zu senden. Dazu zählten besonders die Me Bf-109, der damals wahrscheinlich modernste und beste Jagdeinsitzer der Welt, die Kampfflugzeuge Heinkel He 111 und Dornier Do 17, das Sturz- und Erdkampfflugzeug Henschel Hs 123 und die ersten Serienmodelle der Junkers Ju 87, einem Sturzkampfflugzeug.

Die modernen deutschen Baumuster gaben den Nationalspaniern nicht nur die Luftüberlegenheit wieder, sondern sie halfen der deutschen Luftwaffe, auch jene taktischen und organisatorischen Erfahrungen zu sammeln, welche sie dann in den ersten Jahren des Zweiten Weltkriegs mit wahrhaft durchschlagender Wirkung anwendeten. Was der Spanische Bürgerkrieg für die Deutsche Luftwaffe bedeutete, hat Hermann Göring im Verlauf des Nürnberger Prozesses selbst recht deutlich ausgesprochen: „Als in Spanien der Bürgerkrieg ausgebrochen war, sandte Franco einen Hilferuf an Deutschland um Unterstützung, besonders in der Luft. Der Führer überlegte sich, ich drängte lebhaft, die Unterstützung unter allen Umständen zu geben. Einmal, um der Ausweitung des Kommunismus an dieser Stelle entgegenzutreten, zum zweiten aber, um meine junge Luftwaffe bei dieser Gelegenheit in diesem oder jenem technischen Punkt zu erproben. Ich sandte mit Genehmigung des Führers einen großen Teil meiner Transportflotte und eine Reihe von Erprobungskommandos meiner Jäger, Bomber und Flakgeschütze hinunter und hatte auf diese Weise Gelegenheit, im scharfen Schuß zu erproben, ob das Material zweckentsprechend entwickelt wurde. Damit auch das Personal eine gewisse Erfahrung bekam, sorgte ich für einen starken Umlauf, das heißt, immer wieder Neue hin und die anderen zurück."

Das von den Deutschen ursprünglich angewendete System der Freiwilligen wurde beim fliegenden Personal ziemlich bald aufgegeben. Man erkannte den Wert der praktischen Einsatzerfahrung, ging dazu über, nur noch wirklich vielversprechende junge Offiziere zum Einsatz nach Spanien zu schicken und verwendete sie später als Ausbilder an den verschiedenen Luftwaffenschulen.

Als die Schlacht um Madrid im November 1936 mit dem massiven Einsatz deutscher Bomber, Jäger, Artillerie und Panzer ihrem Höhepunkt entgegenzugehen schien, trat nicht nur durch den unerwarteten starken Einsatz russischer Flugzeuge eine Wendung im Luftkrieg ein, sondern auch die republikanischen Bodentruppen sollten eine höchst willkommene Verstärkung erhalten: die „Internationalen Brigaden".

# Die Belagerung von Madrid

Die Schlacht um Madrid erreichte in der zweiten Novemberwoche 1936 ihren Höhepunkt. Beide Seiten versuchten, eine Entscheidung zu erzwingen. Man warf ins Gefecht, was man besaß – und die Verluste waren dementsprechend.

Die Nationalspanier konzentrierten ihren Hauptangriff auf einen verhältnismäßig schmalen Sektor zwischen der Plaza de Espanã und der Universitätsstadt. Zwei Angriffskolonnen der „Armee von Afrika" traten an dieser Stelle zu einem rücksichtslosen Durchbruchsversuch an, zwei weitere Kolonnen sorgten für die Flankensicherung, und vier Kolonnen lagen hinter den Sturmtruppen in Reserve. Sie sollten den erhofften Durchbruch nützen und weiter ins Stadtgebiet eindringen.

Republikanischer Stadtkommandant war damals General Miaja, ein älterer Offizier, dem die Regierung die recht undankbare Aufgabe der Verteidigung von Madrid übertragen hatte, bevor sie sich nach Valencia absetzte. Miaja und sein Stab machten sich über die Schwierigkeit der Lage keinerlei Illusionen. Der General ließ die einzelnen Abschnittskommandanten zu sich kommen und sagte ihnen die Wahrheit: Was sie hier in Madrid zu erwarten hatten, war nichts als der Tod. Wer Bedenken hatte, sollte sie jetzt aussprechen. Aber keiner hatte etwas zu sagen. Dann ließ Miaja die Gewerkschaftsfunktionäre rufen und teilte ihnen ebenso unumwunden mit, daß er 50.000 ihrer wehrfähigen Mitglieder sofort zum Kampf an der Verteidigungsfront brauchte. Die notwendigen Waffen und die Munition, so ließ der General wissen, müßten sich die Leute von den Toten besorgen. „Wenn einer fällt", so sagte Miaja, „so dürfen Sie keine Zeit verlieren. Nur die paar Sekunden, die man braucht, um das Gewehr aufzunehmen und einen neuen Ladestreifen ins Magazin zu drücken!"

So war die Situation in Madrid, als der Kampf vor seinem Höhepunkt stand. Die Nationalisten griffen immer wieder an. Sie verstanden ihr Handwerk: Hinter der Feuerwalze der Artillerie kamen die ita-

General Miaja und sein Stab.

lienischen „Ansaldo"-Panzer und in ihrem Schutze stürmte die Infanterie. Dennoch hielten die Republikaner stand. Sie wurden im Kampf in der Stadt gut geführt und von der eigenen Artillerie wirkungsvoll unterstützt. Ihre Panzer waren besser als die der Nationalisten: Die russischen T-26 waren sowohl mit Maschinengewehren als auch mit Kanonen ausgerüstet, und auf diese Weise den wesentlich leichteren und nur mit Maschinengewehren versehenen italienischen „Ansaldos" bedeutend überlegen.

Trotzdem war die Situation schon am 8. November für die Republikaner sehr ernst. Zum pausenlosen Artilleriebeschuß kamen das schwere Maschinengewehrfeuer der angreifenden Nationalisten und die ständigen Luftbombardements. Die deutschen Heinkel He 51 Jä-

Den russischen Kanonenpanzern weit unterlegen: Italienische Kampfwagen CV 3/35. Die Fahrzeuge verfügten über keinen Drehturm und waren nur mit zwei Maschinengewehren bewaffnet.

ger, mit denen die russischen I-15 relativ leicht fertigwerden konnten, wurden im Einsatz von italienischen Fiat Cr-32 abgelöst. Auch diesen bereits von spanischen Piloten geflogenen Maschinen waren die russischen Jäger an Geschwindigkeit, Steigfähigkeit und Feuerkraft noch überlegen. Aber die Cr-32 waren jedenfalls besser als die He 51.

Einen eindeutigen Vorteil hatten die Nationalisten auf artilleristischem Gebiet: Die besser ausgebildeten nationalspanischen Kanoniere schalteten im Zusammenwirken mit den ständigen Luftangriffen eine republikanische Geschützstellung nach der anderen aus. Um die Entscheidung zu erzwingen, gab General Varela seinen Soldaten schließlich den Befehl, der in allen Armeen der Welt wohl gleich unbeliebt ist: „Durchbruch um jeden Preis." Keine der beiden Seiten stand der anderen im Kampfesmut nach: Ein „Tabor" marokkanischer Soldaten, das im Bajonettangriff ohne Rücksicht auf Verluste durch die republikanische Front gebrochen war, wurde abgeschnitten und bis zum letzten Mann niedergemacht; auf seiten der Republikaner kämpfte ein Frauenbataillon fanatisch um eine wichtige Brücke, und Kinder wurden zum Barrikadenbau eingesetzt. Wer fiel, diente den Lebenden als Deckung im Kampf.

Beide Seiten, sowohl Verteidiger als auch Angreifer, riefen nach Verstärkung. General Varela, der die Nationalspanier befehligte, forderte den Einsatz der Geschütze, Panzer und Flugzeuge der Legion Condor, General Miaja und der russische Kommandeur, General Kleber, riefen nach den katalonischen Anarchisten und nach dem berühmten „Bauernbataillon". Beiden Seiten wurden die erwünschten Verstärkungen zugesagt, aber ihr Eintreffen war – mehr noch bei den Republikanern als bei den Nationalisten – eine Frage der Zeit.

Um die Mittagszeit des 8. November 1936 erregte ein ungewöhnliches Ereignis die Aufmerksamkeit der Bewohner des Madrider Stadtzentrums: In Viererreihen zog eine lange Kolonne von teilweise abenteuerlich uniformierten Soldaten mit blauen Baretten und umgehängten Gewehren die Gran Via herauf. Und die Männer sangen die „Internationale" in einem halben Dutzend Sprachen – alle den „Madrilenos" gleich fremd, und so glaubten sie, es wären Russen, die direkt zu ihrer Unterstützung gekommen wären. Die Begeisterung war groß.

Was da über die Madrider Gran Via zog, waren nicht Russen, sondern die insgesamt 3500 Deutschen, Polen und Franzosen der Zwölften Internationalen Brigade. Eines der Maschinengewehrbataillone bestand aus Briten. Der russische General Kleber – der übrigens österreichischer Abstammung war und eigentlich Gregor Stern hieß – wies die Neueingetroffenen sofort in die Stellungen ein: Die Polen kamen nach Villaverde, einige Deutsche und die Angehörigen des britischen Maschinengewehrbataillons wurden in die Universitätsstadt verlegt, um dieses beherrschende Gebiet zu halten. Die restlichen Deutschen und das französische Bataillon wurden an einem der Brennpunkte des Kampfes eingesetzt: an der Casa de Campo, dem großen Madrider Parkgelände. Hier teilte man die Angehörigen der Internationalen Brigade so ein, daß jeweils vier spanische Zivilisten auf einen „Brigadisten" kamen. Die Männer der Brigade, die ja eine militärische Ausbildung erhalten hatten, versuchten, ihren zivilen Kameraden in der kurzen zur Verfügung stehenden Zeit möglichst viel beizubringen: wie man das Visier des Gewehres richtig einstellt, sich im Gelände bewegt, sich gegenseitig deckt und den Gegner in der Flanke packt. Und vor al-

*Oben:* Italienische Jagdflugzeuge Fiat Cr 32.
*Unten:* Nationalspanier begutachten einen erbeuteten russischen Panzer.

lem, wie man Munition spart: Wie alle Anfänger neigten die schlecht ausgebildeten Zivilisten dazu, bei jeder erkennbaren Feindbewegung lange Feuerstöße aus ihren Maschinengewehren abzugeben. Einige von den französischen Soldaten der Internationalen Brigade waren altgediente Kämpfer, und das „No Pasarán!" (Hier kommt keiner durch) der Madrider erinnerte sie an den Geist der Verduner Front.

Die Verluste auf beiden Seiten waren schrecklich. Innerhalb von drei Tagen fiel ein Drittel der „Brigadisten", und die „Armee von Afrika" verlor in dieser Zeit mehr Soldaten als während des gesamten Vormarsches von Cadiz nach Madrid. Trotzdem gingen die Kämpfe mit unverminderter Härte weiter, da aber keine der Parteien über ausreichende Reserven für einen wirklich entscheidenden Schlag verfügte, grub man sich an manchen Stellen der Front ein und ging zum Stellungskrieg über. Besonders in der Universitätsstadt – die übrigens im Bürgerkrieg fast vollständig zerstört und anschließend von der Franco-Regierung neu aufgebaut wurde – kam es zu beinahe bizarr anmutenden Situationen. Da saßen die Nationalisten in einem Gebäude in dem einen Stockwerk – und die Republikaner in dem darüber oder darunter. Oder die „Moros" und die Angehörigen der Internationalen Brigade bekämpften sich von einem Raum zum anderen im gleichen Stockwerk. Man hieb mit Kreuzäxten Löcher in die Innenwände, warf Handgranaten von einem Raum in den anderen. Oft genug wurden sie vom Gegner durch das eben geschlagene Loch zurückgeschleudert und detonierten vor den Füßen dessen, der sie eben geworfen hatte. Man packte Sprengladungen in eine Aufzugskabine, ließ sie in den nächsten Stock fahren und dort detonieren.

Gleich nach ihrem Eintreffen an der Madrider Front demonstrierten die Flugzeuge der Legion Condor modernen Luftkrieg. Zunächst flogen Kampfflugzeuge Welle um Welle Madrid an und zerstörten ganze Stadtviertel mit Bomben schwerer Kaliber. Dann kamen Maschinen mit leichten Bomben – 100 und 250 kg – und pflügten die angegriffenen Gebiete nochmals um. Nach den Sprengbomben kamen dann die Brandbomben in zwei Wellen. Und wenn alles richtig brannte und man annehmen konnte, daß die Straßen voll von Menschen waren, die ihr letztes Hab und Gut aus den Flammen zu retten versuchten, kamen die Flugzeuge wieder und warfen enorme Mengen von Splitterbomben ab, die unter den Ausgebombten große Verluste hervorriefen. Diese Angriffstechnik wurde später im Laufe des Zweiten Weltkriegs weiter perfektioniert und sowohl von den Deutschen als auch von den Alliierten mit gleich verheerender Wirkung angewendet. Spanien war auch hier das ideale „Experimentierfeld" gewesen.

Konnte keinen entscheidenden Erfolg melden: General Varela.

Madrid war nicht gleich Malaga: Der italienische General Roatta.

Ende November 1936 hatten die Nationalspanier die Universitätsstadt und die Casa de Campo zum größten Teil in ihren Besitz gebracht. Dies war nicht zuletzt auf das Verhalten der auf republikanischer Seite kämpfenden Anarchisten zurückzuführen, die wieder einmal ihr altes Recht zum Ungehorsam in Anspruch genommen hatten: Sie weigerten sich nicht nur, befohlene Gegenstöße durchzuführen, sondern zogen sich auch gelegentlich ohne Befehl vorzeitig aus bestimmten Gebieten zurück, wodurch sie manchmal die weitere Verteidigung ganzer Kampfabschnitte unmöglich machten. Die Republikaner mußten einsehen, daß sie die Nationalisten nicht mehr aus ihren Stellungen werfen konnten, und Franco kam zur Erkenntnis, daß der Rest von Madrid ohne neuerliche Verstärkung nicht zu erobern war.

In der Hauptstadt waren die Fronten zu dieser Zeit bereits in völlig unübersichtlicher Weise ineinander verzahnt. Hätte Franco ausschließlich militärischen Überlegungen zu gehorchen brauchen, hätte er die Front sicherlich teilweise zurückgenommen, eine neue und überschaubare Operationsbasis gebildet und wäre von dort bei günstiger Gelegenheit mit entsprechenden Kräften neuerlich zum Angriff angetreten. Aber an Derartiges war im Spanischen Bürgerkrieg nicht zu denken: Man gab nicht einen Fußbreit Boden freiwillig auf – zu viele tote Kameraden hatten jeden Quadratmeter mit ihrem Blut getränkt. Und so hielt man die Ruinen der Universitätsstadt und die Stellungen in der Casa de Campo besetzt, ob dies nun militärisch zweckmäßig war oder nicht. Jeder Rückzug wäre das Eingeständnis einer Niederlage gewesen . . .

In den Wochen und Monaten, die auf den fehlgeschlagenen Angriff auf Madrid folgten – einen Angriff, der den Krieg vier Monate nach dem Ausbruch der ersten Feindseligkeiten beendet hätte –, verlagerte sich der Schwerpunkt der Kämpfe in andere Gebiete.

Zunächst aber brauchte man Nachschub und Soldaten: Die 6500 Mann, mit denen General Varela ursprünglich angegriffen hatte, waren sowieso bereits zum größten Teil „verbraucht" . . . Man zog daher in Spanisch-Marokko einige tausend Eingeborene neu zur Armee ein und führte auch in den nationalspanischen Gebieten des Mutterlandes Aushebungen durch, um die gelichteten Reihen wieder etwas aufzufüllen. Ende November 1936 beschlossen die Generale Franco, Mola und Varela in einer zweitägigen Stabsbesprechung, den Angriff nördlich der Stadt wieder aufzunehmen. Damit könnte man die republikanischen Kräfte in den Sierras isolieren, Madrid von der Wasser- und Energieversorgung endgültig abschneiden und gleichzeitig die in der Stadt kämpfenden eigenen Kräfte indirekt entlasten. Für die neue Offensive standen den Nationalisten 36.000 Spanier, 7000 Fremdenlegionäre und 5000 „Moros" zur Verfügung. Dazu kamen noch die Flugzeuge der Legion Condor und die ebenfalls von den Deutschen stammende Feld- und Flakartillerie.

Die Nationalspanier eröffneten ihren neuen Angriff mit einem Stoß gegen die kleine, 11 km von Madrid entfernte Stadt Pozuelo. Dreißig Ju 52 flogen Bombeneinsätze, und am Boden griffen die Infanteristen unter dem Schutz von deutschen „Panzern I" an. Der Angriff stieß jedoch auf den Widerstand russischer T-26 Panzer, gegen deren Kanonen die nur mit Maschinengewehren bewaffneten deutschen Panzer nicht die geringste Chance hatten. In der Luft schlugen sich die ebenfalls gegen die russischen I-15 und 9-16 Jäger stark unterlegenen deutschen He 51 Maschinen ohne Aussicht auf Erfolg herum. Der Angriff blieb stecken. Der republikanische Gegenstoß geriet an die eingegrabenen 8,8 cm-Flakgeschütze der Legion und mißlang ebenfalls.

Noch im Dezember 1936 versuchte der mittlerweile General Orgaz unterstellte General Varela ein neues Offensivunternehmen: Mit vier beweglichen Brigaden und ungewöhnlich massiver Artillerieunterstützung durch 15 cm-Feldhaubitzen griffen die Nationalisten Boadilla del Monte, eine wichtige Widerstandsposition der Republikaner, etwa 16 km von der Madrider Casa de Campo entfernt, an. Nach beispiellos massiver Artillerievorbereitung, wie sie bisher im Spanischen Bürgerkrieg noch niemals dagewesen war, griffen 12.000 Mann nationalspanischer Infanterie die von 5000 Mann besetzten republikanischen Stellen an. Als der Erfolg greifbar nahe schien, schickten die Republikaner Verstärkung aus den Internationalen Brigaden in die Schlacht und stabilisierten die Lage neuerlich. Nach vier Tagen klangen die Kämpfe ab. Die Nationalisten hatten die Dörfer Boadilla und Villanueva erobert, aber Hunderte Soldaten im Kampf verloren. Die Internationalen Brigaden auf der anderen Seite kamen nicht besser davon: Auch ihre Mannschaften waren auf Bruchteile der ursprünglichen Angriffsstärken zusammengeschrumpft.

Für General Franco war die Situation eindeutig: Was man brauchte, waren mehr Soldaten, mehr Panzer, mehr Geschütze und Flugzeuge. Und Franco bekam, was er brauchte: Schon am 3. Januar 1937 griffen die Nationalisten wieder an. Das Armeekorps, das ihnen für den aus dem Raum Villanueva im Westen von Madrid hervorbrechenden Angriff zur Verfügung stand, verfügte über Panzer und schnellbewegliche Artillerie und war insgesamt dreimal so stark wie jene Kräfte, mit denen Varela im Spätherbst des vorausgegangenen Jahres Madrid zu erobern versucht hatte. Der neue Vorstoß richtete sich nach Nordwesten gegen Las Rozas, einen strategisch bedeutenden Punkt: In Las Rozas überschnitten sich die Überlandstraßenverbindungen von Madrid nach Escorial und von Madrid nach Villalba.

Nach dem ersten Vorstoß am 3. Januar versuchte man zwei Tage später, die Entscheidung zu erzwingen. Nach zweistündiger Artillerievorbereitung rollten Panzer und Selbstfahrlafetten an, und ihnen folgte die Infanterie. Dahinter kam noch eine Welle Panzer. Vor den ersten Panzern noch flogen die He 51 Tiefeinsätze und griffen alles, was sich am Boden regte, mit Bomben und Bordwaffen an. Die Planung des gesamten Unternehmens lag in deutscher Hand: Oberst von Richthofen, der Chef des Stabes der Legion Condor, und Oberst Thoma hatten die Stabsarbeit besorgt. Die Spanier bekamen einen Vorgeschmack darauf, was man wenig später in ganz Europa unter der Bezeichnung „Blitzkrieg" kennenlernen sollte.

Trotz der sorgfältigen Planung und des enormen Einsatzes aber

schlug der Angriff nicht richtig durch. Nach einwöchigen Kämpfen hatten die Nationalisten nicht mehr als 11 km Boden entlang der Straßenverbindung Madrid-Escorial gewonnen. Dann kam der republikanische Gegenangriff: Die Internationalen Brigaden stürmten. Mit ihnen griffen russische Flugzeuge in die Kämpfe ein, und am Boden machten die Russenpanzer den Nationalisten das Leben schwer. Mitte Januar war man wieder dort, wo man zu Anfang des Monats den An-

*Oben:* Joaquin Garcia Morato, einer der erfolgreichsten national-spanischen Jagdflieger.

*Links:* Ein beliebtes Beutestück: Russische T 26 mit nationalspani-scher Besatzung. Im Hintergrund ein deutscher Panzer I.

griff begonnen hatte. Beide Seiten verloren in den Kämpfen etwa je 15.000 Mann.

Die Tatsache, daß sich die Italiener an all diesen Aktionen nicht be-teiligt hatten, ließ den ehrgeizigen Mussolini nicht zur Ruhe kommen. Es war Zeit, daß man einige Siege an die stolzen italienischen Fahnen heftete, und die Provinz Andalusien bot sich hierfür als geeignete Stätte an. Also unterstellte man dem General Roatta, früher Chef der

157

italienischen militärischen Abwehr, insgesamt neun mechanisierte Infanterie-Bataillone, die man organisatorisch zur „Schwarzhemden-Division" zusammenfaßte. Die Division sollte zusammen mit den Nationalspaniern einen Angriff auf Malaga durchführen. An Luftunterstützung mangelte es den Angreifern nicht: Die Savoias der italienischen „Aviazione Legionaria" flogen einen Bombeneinsatz nach dem anderen, und von der Küste her griffen drei nationalspanische Kriegsschiffe in die Landkämpfe ein.

Das Unternehmen wurde ein voller Erfolg. Die republikanische Führung von Malaga bewies bei weitem nicht die Qualitäten, die die Verteidigung von Madrid auszeichneten: Wer konnte, floh rechtzeitig. Und da die Führung versagte, hielt auch die Truppe nicht – die Straßen quollen über von planlos flüchtenden Soldaten und Zivilisten, die unter den Luftangriffen der Nationalisten, pausenlos gehetzt von Bomben und Maschinengewehrfeuer, irgendeinen rettenden Ausweg aus dem totalen Chaos zu finden versuchten. In Malaga hielt General Queipo de Llano mit beispielloser Härte Gericht: Hunderte, ja vielleicht Tausende Menschen fielen den nationalistischen politischen Standgerichten zum Opfer. Da sich die Italiener bei Malaga so ausgezeichnet bewährt hatten, wollte Mussolini nun auch seinen Erfolg an der Madrider Front wiederholen. Nach Eintreffen frischen Nachschubs aus dem Mutterland wurde die Mannschaftsstärke der italienischen Truppen auf 30.000 Mann gebracht. Man gliederte sie in vier Divisionen: Die „Schwarzhemden", die Division „Littorio", die „Schwarzen Flammen" und die „Schwarzen Pfeile". Alle vier Divisionen wurden an die Madrider Front verlegt, und zwar so, daß die Italiener etwa 100 km nordöstlich von Madrid ihre Ausgangsstellungen bezogen. Zusammen mit den Bodentruppen verlegte auch die „Aviazione Legionaria" starke mit Cr-32 ausgerüstete Jagdverbände und auch Savoia-Kampfflugzeuge auf Plätze in der Nähe von Soria, 225 km nord-nordöstlich von Madrid. Die Italiener sollten den rechten Teil einer Zangenbewegung bilden, mit der die Nationalisten den Ring um Madrid enger und vor allem vollständig schließen wollten. Zu diesem Zweck sollten die Mussolini-Truppen zunächst 65 km entlang der Überlandstraße nach Barcelona vorstoßen, Guadalajara einnehmen und sich dann nach einem weiteren Vorstoß entlang der Straße nach Alcala de Henares mit der linken Kräftegruppe der Zangenbewegung vereinigen.

Die Operationsplanung war weiträumig und von beachtlicher strategischer Bedeutung: Im Februar 1937 verliefen die nationalspanischen Linien durch die südöstlichen Außenbezirke von Madrid bis zum

Werner Mölders. Die Aufnahme, die Mölders mit dem Eichenlaub und den Schwertern zum Ritterkreuz zeigt, stammt aus der Zeit des Zweiten Weltkrieges.

rechten Ufer des Flusses Tagus. Das linke Flußufer befand sich in den Händen der Republikaner. Der Tagus spielte in der Planung der Nationalisten eine große Rolle. Man beabsichtigte, hier an einem etwa 17 km langen Frontabschnitt große Mengen an Infanterie, Artillerie und Panzern zu konzentrieren, und dann mit überwältigender Übermacht nicht nur den Tagus, sondern auch die Flüsse Tajuna und Jarama zu überqueren. Dann sollten die Angriffskräfte nach Norden eindrehen und die Stadt Arganda an der Überlandstraße von Madrid nach Valencia einnehmen. Arganda war außerdem insofern von Bedeutung, als die Haupteisenbahnverbindung von Madrid nach dem Südosten des Landes ebenfalls durch diese Stadt verlief. Besaßen die Nationalisten also Arganda, schnitten sie die Hauptstadt von jeder Verbindung nach Valencia und Alicante ab. Damit nicht genug, sah die Planung vor, nach der Wegnahme von Arganda weiter nördlich bis zu der etwa 16 km entfernten Stadt Alcala de Henares vorzustoßen, wo man sich mit den mittlerweile nach der – erhofften – Einnahme von Guadalajara weiter nach dem Südwesten vorstoßenden Italienern vereinigen wollte. Gelang diese Operation, wäre Madrid vollständig von Katalonien und den Mittelmeerhäfen abgeschnitten und damit wahrscheinlich auch nicht mehr allzu lange zu halten gewesen.

Der Angriff im Süden, der zur später so berühmt gewordenen Schlacht im Jarama-Tal führen sollte, begann im Morgengrauen des 6. Februar 1937. Fünf mobile Brigaden traten mit Unterstützung von sechs Batterien Artillerie – darunter auch deutsche 8,8 cm Flak, deren Bedeutung im Erdkampf die Spanier mittlerweile richtig erkannt hatten – zur Offensive an. Zunächst ging alles planmäßig: Die Republikaner waren überrascht oder doch zumindest zu schwach, um den Angriffen mehr als hinhaltenden Widerstand entgegenzusetzen. Am Nachmittag des 7. Februar erreichten die ersten Einheiten der „Armee von Afrika" den Zusammenfluß von Tagus und Jarama. Die Überlandverbindung Madrid-Valencia lag damit im Bereich der national-spanischen Artillerie. Was die Francotruppen damals nicht wußten, war, daß auch die Republikaner die Absicht gehabt hatten, gerade in diesem Frontbereich bald offensiv zu werden und daher zahlen- und materialmäßig hier nicht so schwach waren, wie es zunächst den Anschein hatte. Dies führte dazu, daß die Republikaner in den ersten beiden Tagen des gegnerischen Angriffs zwar starke Verluste erlitten, jedoch mit Hilfe der schon für ihre eigene geplante Offensive bereitstehenden Reserven die Lage stabilisieren konnten. Wie immer, wenn es kritisch wurde, kämpften die Männer der Internationalen Brigaden an den Brennpunkten. Mit dem erhofften entscheidenden Durchbruch der Nationalisten war es vorbei: Beide Seiten erlitten schwere Verluste, die Artillerien lieferten sich heftige Duelle, und lokale Panzerdurchbrüche beider Parteien dezimierten die jeweiligen Infanterieverbände noch weiter.

Auch der Luftkrieg über dem Jarama-Tal intensivierte sich. Pausenlos gab es Luftkämpfe, viele Piloten flogen mehrere Einsätze am Tag und die Abschußzahlen stiegen auf beiden Seiten. Unbestrittenes Jägeras der Nationalisten war Capitan (später Major) Joaquin Garcia Morato, der in 144 Einsätzen 40 bestätigte Abschüsse erzielen konnte. Bei der Legion Condor war es Werner Mölders, der mit 14 abgeschossenen Feindmaschinen die Liste der erfolgreichsten Jäger anführte. Was die deutschen Jäger in Spanien lernten, brachte ihnen die notwendigen Erfahrungen für die Luftkämpfe des Zweiten Weltkrieges: Mölders schoß während der Schlacht um England 58 Feindflugzeuge ab und setzte seine Erfolgsserie ab dem Sommer 1941 an der Ostfront mit weiteren 33 Abschüssen fort, bevor ihn im November des Jahres sein Schicksal ereilte. Adolf Galland flog in Spanien 300 Einsätze und schoß während des Zweiten Weltkrieges 103 Feindjäger ab. Und Walter Oesau, ein anderer bekannter deutscher Jagdflieger, begann seine Karriere ebenfalls mit acht Abschüssen in Spanien. Während des Zweiten Weltkrieges schoß er dann in Polen, Frankreich und über Griechenland insgesamt 73 und an der Ostfront weitere 44 Feindmaschinen ab. Zu den späteren deutschen Jägerassen zählte auch Herbert Ihlefeld: Den acht Abschüssen, die er in Spanien erzielte, folgten während des Zweiten Weltkrieges 65 in Rußland und 56 weitere im Kampf gegen polnische, englische und amerikanische Maschinen.

Natürlich sammelten auch die Russen in Spanien Erfolge und vor allem taktische Erfahrungen. Vieles davon ging aber wieder im Zuge der großen militärischen Säuberungsaktion des Jahres 1937 in Rußland verloren: Hier ließ Stalin viele liquidieren, die das Land schon einige Jahre später im Kampf gegen Deutschland bitter notwendig gebraucht hätte.

An der Jarama-Front hatten die Republikaner etwa 200 Flugzeuge. Die meist in Verbänden von 40 bis 60 Maschinen anfliegenden Ju 52 Kampfflugzeuge bekamen das zu spüren. Trotz des Einsatzes des fast immer zumindest ebenso starken aus He 51 bestehenden Jagdschutzes stiegen die Verluste auf nationalspanischer und deutscher Seite stark an. Die russischen Jäger waren technisch überlegen, und auch die russischen SB 2 Bomber flogen erfolgreich Einsatz um Einsatz. Es war nicht zu leugnen: Die Republikaner hatten am Jarama eine deutliche Luftüberlegenheit errungen. Und am Boden hielten die Internationalen Brigaden und die Russenpanzer jedem Angriff stand. Dazu wurden die Verteidiger noch von dem Umstand begünstigt, daß sie das höhergelegene Ufer des Jarama besetzt hielten und dadurch die Bewegungen der Nationalspanier eher rechtzeitig einsehen konnten als jene die der Republikaner.

Trotzdem lagen die Verluste der Verteidiger höher als die der Angreifer: Im Verlauf der Schlacht verloren die Franco-Truppen etwa 20.000 Mann, während die Republikaner etwa 25.000 Mann einbüßten. Damit wurde die Schlacht am Jarama zu einer der blutigsten auf spanischem Boden. So verlor das britische Maschinengewehrbataillon der Internationalen Brigaden während der ersten Kämpfe 375 Mann bei einem Gesamtbestand von 600. Nach zehntägigem Kampf hatten die Nationalisten die Front südlich von Madrid etwa 16 km weit nach Osten vorgeschoben, aber die äußerst wichtige Verbindung Madrid-Valencia blieb auch weiterhin in den Händen der Republikaner. Die Front im Jarama-Tal war nun bis zum Ende des Bürgerkrieges mehr oder minder stationär.

Obwohl die großzügig geplante Zangenbewegung gegen Madrid nun nach dem Mißerfolg des südlichen „Zangenarmes" nicht mehr durchführbar war, bestanden die Italiener, die im Sinn der Angriffsplanung von Norden her angreifen sollten, auf der Durchführung zumindest dieses Teiles des Planes. Am 8. März 1937 war es soweit: 30.000 italienische Infanteristen unter dem Befehl von General Roatta und 20.000 Spanier unter General Moscardó, dem „Helden des Alcazár", traten mit 250 Panzern, 180 Selbstfahrlafetten und von starken Fliegerverbänden unterstützt an einer Frontbreite von 64 km zum Angriff an. Die italienischen Hauptkräfte waren entlang der Überlandstraße Barcelona-Madrid konzentriert. Die Angriffstruppen der Italiener, meist Einheiten der „Schwarzflammen"-Division, waren fast vollständig mit LKWs motorisiert und brachen mit den sie unterstützenden Panzerfahrzeugen ohne größere Schwierigkeiten durch die Linien der ihnen gegenüberliegenden und noch relativ wenig kampferfahrenen republikanischen Truppen. Zunächst schien auch hier alles planmäßig zu verlaufen: Zu Angriffsbeginn standen die Italiener bei Algora, einem kleinen Marktstädtchen etwa 65 km von Guadalajara, dem eigentlichen Angriffsziel, entfernt – und am Ende des zweiten Angriffstages hatten die „Schwarzflammen" schon die Hälfte dieser Wegstrecke auf der Überlandstraße nach Barcelona zurückgelegt.

Das Tempo des Vormarsches täuschte jedoch. Die Republikaner waren schon vor dem Beginn der italienischen Offensive über die Feindabsichten recht gut unterrichtet gewesen und zogen sich planmäßig auf eine starke Sperrstellung nördlich von Guadalajara zurück. Die herankommenden Italiener machten aus diesem Grunde auch nicht viele Gefangene und erbeuteten auch kaum Material. Die Republikaner dagegen leisteten geschickt hinhaltenden Widerstand und brachten dem vorgehenden Gegner an den Flanken immer wieder Verluste bei, so daß die Italiener das Tempo ihres Vormarsches bald etwas verlangsamten.

Als sich schließlich auch die Wetterbedingungen stark verschlechterten – es gab Nebel und Niederschläge, die bald in dichten Schneeregen übergingen –, wurde die Situation für die Italiener dramatisch. Die motorisierten Kolonnen begannen im tiefen Boden steckenzubleiben, und die Flugzeuge der „Aviazione Legionaria" konnten von ihrer Basis in Soria jenseits der Berge nicht mehr zur Unterstützung der Bodentruppen starten. Als am dritten Tag nach Angriffsbeginn das Wetter wieder besser wurde, fanden die von Barajas, dem Flugplatz von Guadalajara her aufgestiegenen republikanischen Kampf- und Jagdflugzeuge ideale Verhältnisse vor: Die italienischen Fahrzeuge standen zwischen Torija und Algora auf eine Distanz von etwa 40 km verstreut im Gelände. Als die feindlichen Luftwaffenverbände über ihnen erschienen, versuchten sich die Fahrzeuge möglichst schnell in Sicherheit zu bringen, fuhren sich bei diesen Versuchen aber fast immer im tiefen Gelände hoffnungslos fest und wurden so leichte Opfer für die Bomben und Maschinengewehrgarben der rücksichtslos angreifenden republikanischen Flugzeuge.

Während der Schlacht von Guadalajara flog die rotspanische „Grupo 33" erstmals russische I-16 Jäger anstelle ihrer alten Breguet XIX. Auch der Verband von André Malraux, während der Rückzugskämpfe Richtung Madrid im Herbst des vorangegangenen Jahres schwer „gerupft", war mit russischen I-15 Jägern neu ausgerüstet wieder in der Luft und griff die ohne entsprechende eigene Jagd- und Flakabwehr hilflosen italienischen Bodentruppen mit starker Wirkung an.

Was die Republikaner damals bereits hätte beunruhigen sollen, nämlich das Erscheinen der ersten deutschen Heinkel He 111, die eine Geschwindigkeit von etwa 400 kmh erreichten, und damit den um etwa 30 kmh langsameren I-15 im Glücksfall einfach davonflogen, ging in den Erfolgsmeldungen aus der Schlacht von Guadalajara vorläufig noch unter: Die Italiener begannen sich äußerst hastig zurückzuziehen und wurden dabei von den auf republikanischer Seite kämpfenden italienischen Kommunisten des Bataillons „Garibaldi" wütend angegriffen. Daß Landsleute auf Landsleute schossen, passierte also nicht nur den Spaniern, sondern auch den Italienern und übrigens sogar den Deutschen: Bei Boadilla stießen die Kommunisten des Bataillons „Thälmann" der Internationalen Brigaden auf die Panzer und Flugzeuge der Legion Condor. Es war symptomatisch: In Europa zerfiel die Welt der Vaterländer immer mehr in eine Welt der tödlich verfeindeten Ideologien. Die Zeit war reif für den neuen Weltkrieg . . .

# Der Entscheidung entgegen

Die Tatsache, daß Madrid im Herbst 1936 nicht im direkten Angriff fiel und auch die Kämpfe am Jarama und bei Guadalajara keine entscheidende Wendung zugunsten der Nationalspanier brachten, stellte General Franco vor eine völlig neue Situation: Die Hoffnung auf einen schnellen Sieg war vorbei – Spanien, das stand nun fest, mußte Stück um Stück und Stadt um Stadt erobert werden. Wie lange das dauern würde, war nicht abzusehen. Die Republikaner wieder hatten zwar beachtliche Abwehrerfolge errungen, aber andererseits mußte ihnen klarwerden, daß mit Abwehrschlachten allein der Krieg nicht zu gewinnen war. Sie brauchten einen Offensiverfolg.

Zunächst aber behielten die Nationalspanier die Initiative. Nach dem Fehlschlagen der italienischen Angriffsoperation wendeten die Nationalspanier ihre Aufmerksamkeit dem Baskenland im Norden Spaniens zu. Die Basken, von jeher ein stolzer und stark zur Separation neigender Bevölkerungsteil, behaupteten ihr Land gegen die Nationalisten, obwohl sie ohne gesicherte Verbindungen zum Lager der Republikaner waren. Dem sollte nun ein Ende gemacht werden. Die Nationalisten versammelten für die neue Offensive im Norden insgesamt 50.000 Spanier, Italiener und „Moros". Dazu kamen deutsche Artillerie und Panzer. Luftunterstützung während des Angriffes sollten sowohl Verbände der Legion Condor, der italienischen „Aviazione Legionaria" und auch Flugzeuge der „Agrupacion Espanōl", der nationalspanischen Luftwaffe fliegen.

Für den Angriff im Norden verfügte die Legion Condor bereits über ein neuartiges Kampfflugzeug: Die Heinkel He 111. Die He 111 war ein zweimotoriger Ganzmetall-Tiefdecker mit Einziehfahrwerk, der – entsprechend weiterentwickelt – auch während des gesamten Zweiten Weltkrieges bei den Kampfgeschwadern der deutschen Luftwaffe im Einsatz bleiben sollte. Rein äußerlich erinnerte die He 111 ein wenig

*Rechts:* Die Stadt Guernica nach dem Luftangriff durch deutsche Kampfflugzeuge der Legion Condor.

an die He 70 „Blitz", die ebenfalls in Spanien flog. Im Vergleich zu der modernen russischen SB 2 „Katjuscha" war die He 111 etwas langsamer, hatte mit 880 bis 1200 km eine um ein Drittel geringere Reichweite als das russische Baumuster und blieb auch mit seiner Dienstgipfelhöhe von 7000 m um 120 m hinter der „Katjuscha" zurück. Dafür aber konnte die He 111 bis zu 1500 kg Bomben tragen – die SB 2 nur 1000 kg – und flog außerdem – mit Ausnahme der schnellen I 16 „Rata" – jedem Jagdflugzeug der Republikaner glatt davon.

Als am 31. März 1937 die neue Offensive im Ostteil der baskischen Front losbrach, konnte General Franco – zumindest was die Überlegenheit der eigenen Bomberverbände betraf – mit einiger Hoffnung antreten. Welch dramatische Wirkungen der Einsatz der Luftwaffenkräfte der Legion Condor gerade im Baskenland hervorrufen sollte, war damals noch nicht vorauszusehen. Bald nach Offensivbeginn häuften sich Luftangriffe auf unverteidigte Städte. Zunächst griffen die Kampfflugzeuge der Legion Condor die kleine Stadt Durango massiv an. 248 Zivilisten wurden getötet. Als nächstes war das Städtchen Ochandiano an der Reihe, in dessen Trümmern 600 Zivilisten den Tod fanden.

Jener Luftangriff aber, der die Welt schockieren sollte, wie wohl kein anderer zuvor, ereignete sich am Montag, dem 26. April 1937. Ziel des deutschen Angriffes war Guernica, die alte Hauptstadt des Baskenlandes.

Am 26. April war Markttag in Guernica: Die Straßen waren voll von Menschen, und diejenigen, die am Nachmittag plötzlich das Dröhnen von Flugzeugmotoren hörten und die Silhouetten der herankommenden Heinkel-Bomber erblickten, mochten sich vielleicht noch gefragt haben, wo die Bomber ihre Lasten „abladen" würden. Aber die Frage war müßig: Die relativ niedrig fliegenden Kampfflugzeuge öffneten ihre Bombenschächte genau über Guernica. Zu befürchten hatten sie nichts – in Guernica gab es keine Flak, und es waren auch keine Feindjäger in der Luft. Augenblicke später versank die Stadt in den aufblitzenden Detonationen der Bomben: Sieben Tonnen Sprengstoff regnete es vom Himmel . . . Wer die Bomben überlebte, den jagten die Kampfflugzeuge im Tiefflug mit ihren Maschinengewehren. Zwanzig Minuten später erschien die erste Welle von Ju 52 Bombern über der Stadt. Wieder fielen Sprengbomben. Und dann ging es weiter: Welle um Welle, immer wieder neue Anflüge bis knapp vor 20 Uhr. Spreng- und Brandbomben, bis von Guernica nichts mehr blieb als ein einziges Ruinenfeld. Zwei Drittel der bei den Angriffen Verletzten starben oder wurden getötet bevor man ihnen auch nur Erste Hilfe leisten konnte.

Die kühl geplante und organisierte Zerstörung einer unverteidigten Stadt spülte eine Welle der Empörung hoch, die um die ganze Welt lief. Das sinnlose Dahinschlachten unschuldiger Frauen und Kinder im Luftkrieg – das war damals noch zu schlimm, um es begreifen und hinnehmen zu können. Die Verantwortung für Guernica wollte keiner übernehmen: Die Deutschen distanzierten sich ebenso wie die Nationalisten, die angaben, sie hätten von dem ganzen Unternehmen überhaupt keine Kenntnis gehabt. Die Italiener hatten es am einfachsten: Sie erklärten, daß nicht ein einziges italienisches Flugzeug an den rollenden Angriffen auf Guernica teilgenommen habe.

Und obwohl es überlebende Augenzeugen des Massakers gab, begann man Gerüchte auszustreuen: Die Anarchisten, so hieß es, hätten alle Gebäude in die Luft gesprengt und die Ruinen angezündet, um die Weltmeinung gegen Deutschland aufzubringen. Dann wieder hörte man, das Massaker sei von republikanischen Flugzeugen angerichtet worden, um auf diese Weise die Beziehungen zwischen der deutschen Legion Condor und General Franco zu stören. Oder aber die Flugzeuge seien im Direktflug aus Deutschland gekommen und wären nach dem Einsatz auch wieder dorthin zurückgeflogen.

Noch viele Jahre nach dem Angriff wurde allgemein angenommen, die Deutschen hätten in Guernica tatsächlich zu Experimentierzwecken angegriffen – um einmal die theoretischen Überlegungen über die Wirkung von Luftangriffen auf zivile Ballungszentren am „lebenden Objekt" in der Praxis zu erproben. In den umfangreichen Dokumenten der deutschen Luftwaffenführung, die nach Ende des Zweiten Weltkrieges in die Hände der Alliierten fielen, finden sich allerdings für diese Annahme keinerlei Hinweise. Es läßt sich aus den vorhandenen Unterlagen sogar schließen, daß es selbst in der höheren deutschen Luftwaffenführung vielfach für unwahrscheinlich gehalten wurde, daß deutsche Flugzeuge die Angriffe auf die baskische Hauptstadt geflogen hatten. Feststeht jedoch, daß die Angriffe von Kampfflugzeugen der Legion Condor geflogen wurden. Wer die Befehle dazu gab, ist unklar. Daß sie nicht von der höheren Führung kamen, ist ebenfalls ziemlich sicher. Wahrscheinlich entstanden Plan und Befehl zur Ausführung der Angriffe in der mittleren Führung der Legion Condor. Warum und von wem sie gegeben wurden, ist noch unbekannt. Herbert Southworth, einer der besten Historiker des Spanischen Bürgerkrieges, hat eine minuziöse Studie zur Geschichte des Angriffes auf Guernica verfaßt. Daraus wird man wohl endlich Genaueres erfahren.

Eine Me Bf 109 der zweiten Staffel der „Jagdgruppe J/88".

Zu den um diese Zeit auf nationalspanischer Seite neuerscheinenden
Flugzeugen zählte auch ein Jagdflugzeug. Ein kleiner einsitziger
Ganzmetall-Tiefdecker mit Einziehfahrwerk, dessen Bezeichnung
bald die ganze Welt kennen sollte: Die Messerschmitt Bf 109, eine
großartige Konstruktion des deutschen Technikers Professor Willi
Messerschmitt, das damals beste Jagdflugzeug der Welt. (Die Bezeichnung „Me Bf" erklärt sich wie folgt: „Me" steht für Messerschmitt,
die Abkürzung „Bf" für Bayerische Flugzeugwerke. Die Bezeichnung
„Me" setzte sich jedoch allgemein durch. Anm. d. Ü.)
    Mit den ersten drei in Spanien erprobten Messerschmitt hatte es zu-
erst nicht nur Erfolge gegeben. Eines der Flugzeuge war mit einer
durch die hohle Propellernabe feuernden 20 mm-Maschinenkanone
ausgerüstet, die an sich dem Flugzeug zwar beachtliche Feuerkraft ver-
lieh, sich aber im Einsatz nicht bewährte, da die Waffe zum Überhit-
zen neigte und beim Feuern gefährliche Schwingungen in der Zelle

Heinkel He 70 „Rayo" vor dem Start.

hervorrief. In der Bf 109 B-1, die in größeren Stückzahlen in Spanien zum Einsatz kam, ersetzte man die Maschinenkanone daher durch ein 7,9 mm-Maschinengewehr. Dazu kamen noch zwei in den Tragflächen montierte Maschinengewehre. Die zweite Staffel der „Jagdgruppe J/88" unter dem Kommando von Leutnant Schlichting erhielt zunächst zwölf Maschinen des neuen Baumusters. Die folgenden zwölf Maschinen der Baureihe B-2 gingen an die erste Staffel der J/88, die unter dem Befehl von Günther Lützow – der in der Zeit des Zweiten Weltkrieges übrigens sehr bekannt werden sollte – stand. Anders als Schlichting, der den Spanischen Bürgerkrieg und auch den Zweiten Weltkrieg überlebte, fiel Lützow als bekannter Jagdflieger mit 103 Abschüssen knapp vor der deutschen Kapitulation. Während also die erste und die zweite Staffel der J/88 – erkennbar an ihrem Staffelzeichen, ein im Stechflug herankommender Rabe beziehungsweise ein Zylinderhut bei der zweiten Staffel – die Me 109 bekamen, behielt die dritte

(„Mickey Mouse") Staffel der J/88 ihre alten He 51, die man aber bald nicht mehr als Jäger, sondern als Schlachtflugzeuge zu verwenden begann.

Während des Angriffs auf Bilbao hatte man die He 51 zunächst behelfsmäßig mit Abwurfhalterungen für Splitterbomben unter den Tragflächen ausgerüstet, um die republikanischen Stellungen im starken Befestigungsring der Stadt auch dort angreifen zu können, wo sie die Artillerie der Nationalspanier nicht erreichen konnte.

Die He 51 flogen meist in Verbänden zu neun Maschinen in einer Höhe von etwa 150 m an. Jede Maschine trug $6 \times 10$ kg Splitterbomben unter den Tragflächen. Sobald der Verband über dem Ziel war, warfen alle Flugzeuge gleichzeitig ihre Bomben ab. Obwohl die materielle Wirkung derartiger Einsätze an sich eher gering war, erschütterten sie die Moral der angegriffenen Truppen beachtlich, so daß man diese Angriffstechnik nicht nur beibehielt, sondern sie im weiteren Verlauf des Bürgerkrieges noch vervollkommnete. Die spanischen Piloten, denen man die Heinkel He 51 der ersten und zweiten Staffel der J/88 nach Eintreffen der neuen Bf 109 aus Deutschland überlassen hatte, übernahmen die von den Deutschen entwickelte Technik des Angriffs mit Splitterbomben und flogen auch in Zukunft zahlreiche Schlachtfliegereinsätze nach der neuen Methode. Immer wieder waren es die spanischen Piloten auf beiden Seiten, die die veralteten, von den jeweiligen „großen Brüdern" abgelegten Maschinen fliegen mußten. Erstklassiges modernes Material bekamen die Spanier nur in seltenen Fällen. Trotzdem aber schlugen sie sich mit Mut und Geschick, und am Ende des Bürgerkrieges konnte man wohl nicht zu Unrecht behaupten, daß die besten spanischen Flieger den besten deutschen, italienischen und russischen Piloten in keiner Weise nachstanden.

Für die Nationalisten brachte der Juli 1937 einen wichtigen Erfolg im Norden. Nach schwerem Kampf fiel die mit einem „eisernen Ring" von befestigten Stellungen umgebene Stadt Bilbao in die Hand von General Franco. 20.000 Mann hatten die Republikaner verloren, 14.000 gingen in Gefangenschaft. Die Nationalspanier hatten mit der Eroberung von Bilbao die erste große Industriestadt des Landes in ihre Gewalt gebracht.

Bevor sich Franco den weiteren Zielen der Offensive im Baskenland zuwenden konnte, änderte sich jedoch die Lage überraschend: Noch im Juli 1937 traten die Republikaner aus dem Kampfraum westlich von Madrid zum Angriff nach Süden an, um die in der Universitätsstadt von Madrid kämpfenden Nationalisten von ihren Nachschubverbindungen abzuschneiden. Der Angriff traf die Nationalisten unvorbereitet. Die 50.000 Mann starken, mit Panzern und Artillerie gut ausgestatteten und von 150 bis 160 Flugzeugen unterstützten Republikaner brachen durch die dünn besetzten nationalspanischen Linien und kesselten im Verlauf von wenigen Stunden die Franco-Truppen in der Stadt Brunete ein, durch die die wichtige Überlandstraße zu der 24 km weiter östlich liegenden spanischen Hauptstadt lief.

Die Nationalisten waren wohl überrascht, aber sie reagierten sehr schnell: Man verlegte Truppen aus dem ruhigeren Kampfraum von Guadalajara in das gefährdete Gebiet und holte soviel Artillerie und Flugzeuge zusammen, wie man kurzfristig aus anderen Gebieten abziehen konnte. Auch die im Norden stehende Legion Condor mußte an Verbänden abgeben, was nur irgend möglich war. Mittlerweile bemühten sich die Republikaner nicht weiter um die Verbreiterung der Durchbruchstelle in der nationalspanischen Front, sondern versuchten, durch den verhältnismäßig schmalen Durchbruch so viel Truppen und Fahrzeuge wie nur möglich hinter die nationalistische Front zu bringen. Der sich auf diese Weise vor der Durchbruchstelle entwickelnde dichte Rückstau an Menschen und Material mußte selbstverständlich das Interesse der nationalspanischen Flieger erregen . . .

Die Franco-Truppen hatten aber, da die meisten Kräfte im Norden gebunden waren, im Madrider Gebiet nur Ju 52 Kampfflugzeuge zur Verfügung. Die langsamen und schwerfälligen Maschinen an der Durchbruchstelle einzusetzen, wäre Selbstmord gewesen: Die Republikaner verfügten über zahlreiche leichte automatische Flakgeschütze, für die die großen Ju 52 nicht zu verfehlende Ziele gewesen wären. Also mußten die He 51 Schlachtflieger der Legion Condor heran . . .

Und wenig später flogen die eilig aus dem Norden verlegten Deutschen die ersten Einsätze. Hauptmann Harder, damals Staffelkapitän, beschreibt, was er erlebte: „Die Ziele – die Geschütze bei Villa Nueva del Pardillo – sind durch den Rauch kaum zu sehen. Ich gebe Zeichen, daß sich die Staffel in vier Rotten (Rotte = eine Gruppe von zwei gemeinsam fliegenden und einander deckenden Maschinen) auflösen soll. Jede Rotte greift eine Batterie an. Gegen einen wahren Feuerhagel von allen Seiten fliegen wir unsere Ziele an.

Es nützt nichts, daß wir selber ununterbrochen schießen. Dann sind wir über dem Ziel: Bomben weg und so schnell wie möglich ab in Richtung Heimat! Wir fliegen wie Betrunkene, um der Flak das Zielen schwerzumachen. Der Angriff dauerte nicht länger als acht Minuten, aber es war wie ein Wunder, daß wir alle überlebt haben. Unsere Maschinen waren nachher alle schwer beschädigt, ja fast zersiebt!"

Schon am dritten Tag der Schlacht, am 9. Juli 1937, setzten beide

Parteien annähernd gleich viele Flugzeuge ein. Massenluftkämpfe von 30 bis 40 Maschinen waren durchaus keine Seltenheit. Die republikanischen Jägerpiloten begegneten erstmals der neuen Me 109 und versuchten sich umzustellen, so schnell es ihnen möglich war: Die Zeiten, als sie die He 51 und Fiat Cr-32 gejagt hatten, waren vorbei. Jetzt saßen ihnen die neuen deutschen Jäger im Nacken, und es ging oft nur noch um das bloße Überleben. Besonders das russische Kampfflugzeug R-Z „Natascha", von den Nationalisten „Papagajo" und von den Republikanern trotz seiner Langsamkeit „Rasante" genannt, war den Messerschmitts in keiner Weise gewachsen: Die Republikaner verloren an einem einzigen Tag acht Maschinen dieses Bombertyps.

Beide Seiten erlitten in der Schlacht um Brunete schwere Verluste, aber die Republikaner litten entscheidender als die Nationalisten: Während Franco 23 Flugzeuge abschreiben mußte, büßten die Republikaner 90 Maschinen ein. Zehntausend toten und verwundeten Nationalisten standen 25.000 Ausfälle auf der Feindseite gegenüber. Die Schlacht um Brunete endete schließlich mit einem viel zu teuer erkauften bescheidenen Geländegewinn der Republikaner, der jedoch taktisch und strategisch ohne jede Bedeutung blieb, weil die Nationalisten die Verbindung zu den in Madrid kämpfenden Truppen weiterhin aufrechterhalten konnten.

In den Jahren 1937 und 1938 brachten die Deutschen eine ganze Reihe ihrer neuesten Flugzeugtypen zum Einsatz: Das leichte Kampfflugzeug Heinkel He 70 „Blitz", die Dornier Do 17, den bekannten „Fliegenden Bleistift" und vor allem die Junkers Ju 87 A, das in der Luftwaffe neu eingeführte Sturzkampfflugzeug, „Stuka". Der Aufklärungsverband der Legion Condor, die Aufklärungsgruppe „A/88", flog zunächst die He 70 „Blitz", ersetzte sie aber wegen ihrer zu geringen Reichweite schon sehr bald durch Dornier Do 17 Aufklärer. Die Heinkel He 45 und He 60 wurden als Seeaufklärer geflogen, und der Hochdecker He 46 besorgte ebenfalls Aufklärungsaufgaben.

Was aber für die weitere Entwicklung des Luftkrieges am schwersten wog, waren Entwicklung und taktischer Einsatz des Sturzbombers. War der „Stuka" im Anfang nichts anderes als eine höchst spektakuläre Waffe zur Durchführung von Überraschungsangriffen gegen strategische Ziele gewesen, lernte man aus den Einsatzerfahrungen, daß die Ju 87 die Blitzkriegwaffe per excellence sein konnte: Durch massiven Einsatz von Panzern, Artillerie und Sturzkampffliegern konnte man sehr schnell an bestimmten Schwerpunkten starke Kräftekonzentrationen schaffen, denen kein Gegner gewachsen war. An bestimmten Stellen den Gegner zu erschüttern, die Front zu durchbrechen und dann mit gepanzerten und motorisierten Truppen weit in das feindliche Hinterland zu stoßen, war das Rezept der „Blitzkriege". Und wo es Widerstand gab, heulten die Stukas vom Himmel und bombten den Gegner so lange, bis er entnervt aufgab. Was die deutschen Offiziere, allen voran von Richthofen, diesbezüglich in Spanien lernten, wendeten sie später im großen Stile an: In Polen, in Frankreich, auf dem Balkan und in Rußland . . .

Ende August 1937 versuchten die Republikaner, neuerlich die Initiative im Bürgerkrieg an sich zu reißen. Das hatte mehrere Gründe: Zunächst war die Offensive bei Brunete letzten Endes ein Mißerfolg gewesen, der den Republikanern mehr Verluste gebracht hatte als den Nationalisten. General Varela, der die schnell aus dem Norden herangeführten Franco-Truppen befehligt hatte, wollte die günstige Situation ausnützen und neuerlich versuchen, Madrid endlich für Franco in Besitz zu nehmen. Der Generalissimo aber war anderer Meinung: Er befahl die Truppen wieder nach Norden zurück, um die nach dem Fall von Bilbao unterbrochenen Operationen im Baskenland zum siegreichen Ende zu führen. Am 14. August wurde die wichtige Hafenstadt Santander eingeschlossen und damit gleichzeitig ein Keil zwischen die das Baskenland verteidigenden baskischen und asturischen Milizen getrieben. Am 26. August 1937 fiel Santander, 55.000 Basken gaben resigniert den Kampf auf, und in der Hafenstadt selbst erbeuteten die Nationalisten „genug Kriegsmaterial, um damit eine ganze Armee auszurüsten", wie es in den Zeitungsmeldungen jener Tage lautete.

Zwei Tage vor dem Fall von Santander aber begannen die Republikaner die neue Offensive südlich von Saragossa: Die Regierungstruppen wurden plötzlich entlang der ganzen nationalspanischen Front vom Norden bei Saragossa bis nach Süden bei Teruel aktiv. Die Hauptstöße richteten sich – von Norden nach Süden – gegen Belchite, Fuentes de Ebro, Codo und Zuera. Bei Belchite erzielten die Republikaner einen Anfangserfolg, sie nahmen die Stadt ein, dann aber war es im wesentlichen mit dem Bewegungskrieg wieder vorbei. Beide Seiten gruben sich ein und gingen zum Stellungskrieg über. Es war das schon gewohnte Bild: Hohe Verluste auf beiden Seiten, wobei die zahlenmäßigen Einbußen der Republikaner deutlich überwogen. In der Luft zeigten sich die Nationalisten durch den Einsatz der neuen deutschen Flugzeuge eindeutig überlegen: An einem Tag wurden dreißig „Chatos" und „Ratas" abgeschossen. Was nützten da Einzelerfolge, wie sie etwa ein Dutzend „Rasantes" bei einem überraschenden Morgenangriff auf den Flugplatz von Saragossa erzielten: 15 nationalistische Flugzeuge blieben als rauchende Trümmer liegen – aber jene nationalistischen Maschinen, die von anderen Plätzen aufstiegen, stellten die Luftüberlegenheit am Ende doch für die Franco-Truppen sicher.

Nach der Einstellung der republikanischen Offensive Ende September 1937 griff Franco neuerlich in Nordspanien an. Schon Mitte Oktober wurde der Widerstand in Nordspanien schwächer, und am 21. September fiel mit der Stadt Giyón der letzte große Stützpunkt der Republikaner in die Hände der Nationalisten. Der Westen des Landes war jetzt fast vollständig in der Gewalt Francos, und nur im Osten behaupteten sich noch die Republikaner. Rein flächenmäßig waren die Nationalisten im Vorteil, die bevölkerungsreichsten Provinzen aber waren nach wie vor in den Händen der Madrider Regierung. Beiden Parteien fehlte die Kraft zum entscheidenden Schlag. Und die ausländischen „Vettern" zögerten. Sie wußten, welch enormen Materialeinsatzes es bedurfte, um dem Krieg eine entscheidende Wendung zu geben. Die Nationalisten hatten eindeutig die Initiative behalten, aber die Kraft zum „Endsieg" fehlte auch ihnen.

Was die bisherigen Einsätze die Luftkriegtaktiker gelehrt hatten, stand mit den klassischen Regeln der Luftkriegführung im Widerspruch: Der Bomber greift strategische Ziele im Hinterland an und wird bei Durchführung dieser Aufgabe vom Jäger geschützt. Nichts davon traf in den meisten Fällen in Spanien zu: Man verwendete die Kampfflugzeuge fast ausschließlich für taktische Zwecke, wie die Zerstörung von befestigten Stellungen an der Front oder im direkten Einsatz gegen feindliche Infanterie und Panzer. Auch die Jäger wurden fast immer für taktische Unterstützungsaufgaben eingesetzt. Wo Einsätze gegen strategische Ziele allerdings möglich waren, führte man sie auch durch: Gegen Städte, Fabriken, Lagerhäuser, Energieversorgungsanlagen und Kraftstofflager des Gegners. Aber eine Entscheidung erzwang man dadurch nicht.

So ungünstig die Situation der Republikaner letzten Endes war, dachten sie doch nicht daran, die Initiative endgültig dem Gegner zu überlassen. Die Stadt Teruel am Zusammenfluß von Guadalaviar und Alfambra, etwa 110 km von der Küste des Mittelmeeres entfernt, bot sich als natürlicher Ansatzpunkt für eine neue Offensive an. Daß auch die Nationalisten in diesem Gebiet früher oder später zu einer Offensive antreten würden, war den Republikanern klar: Die Front verlief hier in einer tiefen Ausbuchtung in Richtung zum Mittelmeer, und daß das Erreichen der Küste eines der Hauptziele der Nationalisten sein mußte, war eindeutig.

*Rechts:* Republikanische Gefangene auf dem Marsch in die Ungewißheit.

Da nach einigen den Republikanern zugekommenen Meldungen die Nationalisten die Eröffnung einer Offensive für den 18. Dezember planten, entschloß man sich, dem durch die Eröffnung eines eigenen Angriffes am 14. Dezember 1937 zuvorzukommen. Der geplante Termin konnte nicht eingehalten werden, aber am 15. Dezember war es dann allerdings wirklich soweit: Etwa 100.000 republikanische Soldaten griffen bei beißender Kälte und während eines Schneesturms die Stellungen der Nationalisten an. Um den Überraschungseffekt voll zu bewahren, gab es keinerlei Artillerievorbereitung. Die etwa 6000 bald in der von festungsartigen Mauern umgebenen Stadt Teruel eingeschlossenen nationalistischen Verteidiger unter dem Befehl von Oberst Rey d'Harcourt waren zwar überrascht, aber zum Widerstand bis zum Äußersten entschlossen: 23 Tage dauerte der Kampf um die alte, von etwa 2000 m hohen Bergen umgebene Stadt, dann wurden die Verteidiger von der vielfachen Übermacht überwältigt. Die Franco-Truppen, die unter den widrigen Witterungsbedingungen ebenso litten wie die Republikaner, traten zwei Wochen nach Beginn der feindlichen Offensive zum Gegenangriff an, aber Temperaturen bis zu minus 20 Grad Celsius und meterhohe Schneeverwehungen vereitelten einen Kampferfolg. Nun sollten auch Einheiten der Legion Condor in den Kampf eingreifen. Die „Legionäre", die sich – allmählich gewohnt, stets an den Brennpunkten eingesetzt zu werden – selber bereits als „Francos Feuerwehr" bezeichneten, kamen: Das „fahrende Hauptquartier" der Legion Condor, ein aus zwölf Waggons bestehender Eisenbahnzug, sollte von Soria nach Calatayud und durch das Tal des Rio de Jiloca nach Calamocha, 70 km nord-nordwestlich von Teruel. Von der Kälte spürten die Deutschen zunächst nicht viel: Im gut geheizten Zug gab es Schlaf- und Wohnräume, Speiseabteile, eine Küche, Badeanlagen, eine Werkstatt, Büroabteilungen und einen Raum für Einsatzbesprechungen. 8,8 cm-Flakgeschütze wurden auf Spezialwagen zur Verteidigung des Kommandozuges mitgeführt. Die Legion Condor war stolz auf diesen fahrenden Befehlsstand – „Kein Krieg mehr ohne unseren Zug", hieß es damals scherzhaft unter den deutschen Legionären.

Bald aber lernten die Deutschen wieder die rauhe Atmosphäre der winterlichen Schlacht kennen: Die Piloten, die gemeinsam mit italienischen Cr-32 in ihren offenen He 51 Doppeldeckern Einsätze über Teruel flogen, mußten nach der Landung – vor Kälte fast erstarrt – aus den Sitzen gehoben, ins Warme gebracht und kräftig massiert werden, um schwere Gesundheitsschäden zu vermeiden. Den italienischen Piloten in den ebenfalls offenen Cr-32 erging es nicht besser.

Straßenkampf in Teruel.

Mitte Januar 1938 wurde das Wetter endlich wieder etwas erträglicher, und die Gegenoffensive der Nationalisten kam neuerlich in Gang. Über der Front entwickelten sich heftige Luftkämpfe, und auf dem Boden erlitten die Republikaner – nun bereits eindeutig in die Defensive abgedrängt – schwere Verluste durch den pausenlosen Beschuß der nun in großer Stärke an der Front eingetroffenen italienischen schweren Artillerie. Im Januar und Februar wogten die Kämpfe länger mit nur lokalen Durchbrüchen der Nationalspanier hin und her.

Dennoch verschlechterte sich trotz des Einsatzes der Internationalen Brigaden die Lage der Republikaner ständig weiter, bis Teruel schließlich am 20. Februar 1938 wieder von den Nationalisten zurückerobert wurde. 14.000 Republikaner gingen in Gefangenschaft. In der rückeroberten Stadt fanden die Nationalisten viel Kriegsgerät und 10.000 Leichen: deutliche Spuren der Besetzung durch die Rot-Spanier.

Mit eigentlich recht ungewöhnlichem Tempo setzten die Nationalisten nach der Rückeroberung von Teruel ihre Offensive weiter fort. Am 9. März setzten sie nach schwerer Artillerievorbereitung und massiven Luftangriffen zu einem neuen Offensivstoß nach Osten an und trieben die Republikaner innerhalb der folgenden acht Tage etwa 100 km zurück. Nach einer dann eintretenden Ruhepause von fünf Tagen, in der die Nationalisten Nachschub heranbrachten und ihre Frontverbände wieder auffüllten, traten sie neuerlich an und stießen nun endgültig bis an die Mittelmeerküste durch. Damit erreichten die Franco-Truppen einen wichtigen und bedeutenden Erfolg: Sie hatten einen Keil in das von den Republikanern beherrschte ostspanische Gebiet getrieben und damit den Gegner entscheidend geschwächt.

Gleichzeitig mit dem Sieg Francos bei Teruel geriet die Legion Condor in eine deutliche Krise, da um diese Zeit der Nachschub an Menschen und Material aus Deutschland fast völlig aufgehört hatte. Das war wahrscheinlich nicht zuletzt darauf zurückzuführen, daß der Anschluß Österreichs damals unmittelbar bevorstand und Hitler die Wehrmacht zu diesem kritischen Zeitpunkt nicht durch die Abgabe von Personal, Waffen und Ausrüstung schwächen wollte.

Die Legion Condor in Spanien bekam diese restriktive Politik deutlich zu spüren: Die zwanzig schweren 8,8 cm Flakgeschütze der Legion waren im Frühjahr 1938 durch den ununterbrochenen Einsatz bereits so ausgeleiert, daß genaues Zielen immer schwieriger wurde. Von den vorhandenen dreißig Me Bf 109 waren infolge des Ersatzteilmangels nur noch 16 einsatzbereit, und die Heinkel He 51 waren schon in einem derart schlechten Zustand, daß es zu Abstürzen kam, die ausschließlich auf Materialgebrechen zurückzuführen waren.

Der nach dem Massaker von Guernica in Spanien eingetroffene neue Befehlshaber der Legion Condor General Helmuth Volkmann sah, wie sich die Dinge bei der Truppe entwickelten und begab sich schließlich im Juni 1938 zur Berichterstattung nach Berlin: Was Volkmann zu melden hatte, war unerfreulich: Entweder müsse man der Legion Condor nun wieder ausreichend Personal- und Materialnachschub zuführen, oder man solle sich eben entschließen, die Legion gleich aus Spanien abzuziehen. So wie bisher ginge es jedenfalls nicht weiter.

Der obersten deutschen Führung fiel die Entscheidung nicht leicht: Ob es möglich wäre, die deutschen Soldaten rückzuführen und den Spaniern das Material der Legion zur eigenen Verwendung zu überlassen, fragte man den General zunächst. Diese Möglichkeit schloß Volkmann aus. „Ohne entsprechend sorgfältige Wartung der Geschütze und Flugzeuge durch deutsches Personal", meinte der General, „geht die Abnutzung nur noch schneller vor sich!"

Am 16. Juni 1938 kam schließlich die Entscheidung aus der Reichskanzlei: Die Legion Condor soll nicht nur in Spanien bleiben, sondern man werde sie auch wieder zur vollen Einsatzstärke aufrüsten. General Franco aber solle man wissen lassen, daß diese Entscheidung ein „beachtliches Opfer" für das Deutsche Reich darstelle.

Obwohl die militärische Situation sich für die Republikaner im ersten Halbjahr 1938 nicht günstig entwickelt hatte, gaben sie ihre Offensivpläne nicht auf. Dazu kam noch, daß eine am 5. Juli 1938 gegen Valencia begonnene Offensive der Nationalisten sich als äußerst kostspieliger Fehlschlag erwiesen hatte. Zu diesem republikanischen Abwehrerfolg, der die Moral stärkte, kam noch die Tatsache, daß der Nachschub an Waffen und Material aus Frankreich jetzt wieder reichlicher floß, und auch die allgemeine politische Entwicklung in Europa – der Sommer 1938 war durch zunehmende Spannungen zwischen der Tschechoslowakei und dem Deutschen Reich gekennzeichnet – die Republikaner auf den Ausbruch eines gesamteuropäischen Krieges hoffen ließ, der dann möglicherweise auch Frankreich und England zur direkten militärischen Intervention auf seiten der Republik veranlaßt hätte.

Die republikanische Offensive begann um 0.15 Uhr in der Nacht vom 24. auf den 25. Juli 1938 am Ebro zwischen den Städten Fayón und Cherta. Dort, so wußte man, lag nur eine einzige nationalspanische Division, und man konnte sich daher trotz der grundsätzlich gegebenen nationalspanischen Übermacht einen Erfolg ausrechnen. Wesentlichstes strategisches Ziel der neuen Offensive war die Wiederherstellung einer gesicherten Verbindung nach Valencia, das nach der letzten erfolgreichen Offensive der Nationalisten vom übrigen republikanischen Machtbereich vollständig abgeschnitten war. Die Wiederherstellung eines einheitlichen Herrschaftsgebietes in Ostspanien war den Republikanern tatsächlich die höchsten Anstrengungen wert: Sie versammelten für ihre Offensive etwa 100.000 Mann und faßten an Panzern, Artillerie und Flugzeugen alles zusammen, was nur irgend greifbar war. Und der Angriff begann tatsächlich recht erfolgversprechend: Die Republikaner überbrückten den Ebro mit Pontonbrücken und Infanteriestegen, und die Offensivkräfte strömten vom Nordufer her durch die in die nationalistische Front geschlagene Bresche ans Südufer.

Für die Franco-Truppen war die Lage äußerst prekär. Obwohl die Republikaner alle Flußübergänge sofort durch Flakkonzentrationen sicherten, griffen die Nationalisten die Übersetzstellen schon bald mit allen zur Verfügung stehenden Kräften aus der Luft an. Jetzt bewährten sich auch die neuen Stukas, die sich besonders für den Einsatz gegen Punktziele ausgezeichnet eigneten und wegen ihrer hohen Sturzgeschwindigkeit der Flak beim Angriff kaum geeignete Ziele boten.

Der Himmel über dem Ebro war in diesen Tagen voll von Flugzeugen: „Rote" und „Faschisten" kämpften mit wütender Erbitterung. Luftkämpfe zwischen 50 und mehr Jagdflugzeugen waren keine Seltenheit, und der Anblick von Dutzenden auf dem Boden ausbrennenden Flugzeugwracks war für die Infanteristen auf beiden Seiten bald nichts Neues mehr. Wo noch sechs Monate zuvor die Flieger in ihren offenen Kabinen fast erfroren waren, rangen nun die Piloten in der Hitze nach Luft: Wer in der Hochsommerglut Einsätze in einer modernen, mit geschlossener Kabine ausgestatteten Maschine fliegen mußte, war nicht zu beneiden.

Die Nationalisten hatten während der entscheidenden Kampfphasen praktisch ununterbrochen 150 Bomber in der Luft. Und über den Kampfflugzeugen hielten die Jäger des Begleitschutzes Wacht. Die nun auch bereits zahlenmäßig unterlegenen Jäger der Republikaner kamen unter solchen Umständen kaum zu vielen Abschüssen. Die Nationalisten setzten in der entscheidenden Phase der Schlacht am Ebro bis zu 200 Maschinen gleichzeitig ein und warfen bis zu 10.000 Bomben aller Kaliber pro Tag ab.

Bis zum 30. Oktober ging die Schlacht mit wechselnder Intensität weiter: Die Republikaner versuchten, die auf dem rechten Flußufer gewonnenen Brückenköpfe um jeden Preis zu halten, trachteten die Moral der Truppe durch drakonische Befehle und Bestrafungen zu bewahren und setzten den zum Gegenangriff übergehenden Nationalisten fanatischen Widerstand entgegen. Am 30. Oktober schließlich begannen die Nationalspanier mit sieben Divisionen die Gegenoffensive und drängten die Republikaner bis zum 2. November 1938 wieder vollständig über den Ebro zurück. In 115 Kampftagen hatte die republikanische Luftwaffe 200 Maschinen verloren – das war ein Schlag, von dem sie sich niemals wieder erholen sollte. Auch das Heer der Republikaner, das „Ejercito Popular" (Volksarmee) und vor allem die ausgezeichnet fechtenden Internationalen Brigaden hatten am Ebro

Während Einheiten der Legion Condor bei ihrer Ankunft im Hafen von Hamburg begeistert empfangen wurden *(oben)*, zieht sich ein Strom von Flüchtlingen über die Grenze nach Frankreich *(unten)*.

70.000 bis 80.000 Mann, 200 Maschinengewehre und etwa 25.000 Gewehre eingebüßt. Zusammen mit der fast vollständigen Zerstörung der republikanischen Luftwaffe bedeutete das eine derart entscheidende Niederlage, daß der Sieg der Nationalisten von nun an nur noch eine Frage der Zeit sein konnte.

Nach der Entscheidungsschlacht am Ebro begannen die Nationalspanier nun mit der massiven Bombardierung der Mittelmeerhäfen, um die Republikaner endgültig vom Nachschub aus dem Ausland abzuschneiden. Für Stalin war die Entscheidung damals bereits gefallen: Die UdSSR dachte nicht mehr an eine entscheidende Unterstützung der Republikaner. Was Stalin wollte, war, den Bürgerkrieg in Spanien zur Abnützung der faschistisch-kapitalistischen Kräfte möglichst lange in Gang zu halten. Hitler wollte das gleiche – wenngleich selbstverständlich zur Abnützung der kommunistisch-anarchistisch-bolschewistischen Kräfte. Am Ergebnis änderte sich nichts: Der Krieg ging weiter, aber die ausländischen „Patrone" wurden zusehends sparsamer mit ihrer Unterstützung.

Die italienischen Savoia-Marchetti Sm 79 Kampfflugzeuge griffen von Malaga aus wahllos militärische und zivile Ziele in Barcelona an. Tausende Zivilisten wurden getötet, und die schon recht apathisch gewordene Bevölkerung der Stadt wurde neuerlich von wütendem Haß gegen die Nationalisten ergriffen. Der deutsche Geschäftsträger im nationalspanischen Gebiet berichtete diesbezüglich an das deutsche Außenamt in Berlin und bemerkte, daß es – offenbar im Gegensatz zu den Italienern – den Fliegern der Legion Condor ausdrücklich verboten sei, offene Städte ohne militärische Ziele zu bombardieren.

Dennoch aber flog auch die Legion Condor gegen Barcelona, die deutschen Stukas richteten ihre Präzisionsangriffe allerdings auf Befehl Francos ausschließlich gegen die Docks und Verladeeinrichtungen der großen Hafenstadt.

Um den Bürgerkrieg endlich zum Abschluß zu bringen, plante Franco mittlerweile eine neue Offensive in Katalonien. Was die Nationalspanier aber zunächst an der Durchführung ihres Vorhabens hinderte, war der Materialmangel – zuviel Waffen und Ausrüstung waren bei Teruel und am Ebro zerstört worden. Franco wandte sich wieder an die deutschen Verbündeten: Die Spanier brauchten weitere 50.000 Infanteriekarabiner, 2000 Maschinengewehre und 100 Feldgeschütze. Außerdem, so meinte der Generalissimo, solle die Legion Condor wieder auf ihre volle Stärke gebracht werden. Die Deutschen zögerten: Die Legion Condor, so ließ man die Spanier wissen, habe schon bisher 187 Millionen Reichsmark gekostet . . .

Am Ende einigte man sich: Die Spanier bekamen neue Waffen und Ausrüstung, die Deutschen weitere Bergbaurechte in den spanischen Erzgebieten. Von Richthofen kehrte kurzfristig nach Deutschland zurück und berichtete Göring über die Lage in Spanien. Die „Roten" in Spanien könnten nur dann besiegt werden, wenn man die Legion Condor etwa auf das Dreifache des derzeitigen Bestandes verstärke und als „geschlossenen Verband von deutschen Einheiten" ausbaue.

Doch daraus wurde nichts: Nach dem Vortrag bei Göring Anfang November 1938 kam am 17. November die Antwort aus der Reichskanzlei – keine massiven Verstärkungen für die Spanier! Von Richthofen wurde zum Generalmajor befördert und kehrte drei Tage später als neuer Chef der Legion Condor nach Spanien zurück. Die Chancen für einen hundertprozentigen Sieg der Nationalisten beurteilte von Richthofen eher pessimistisch.

Den deutschen Zusagen entsprechend wurde die Legion Condor zwar nicht verdreifacht, aber immerhin wieder auf ihre volle Einsatzstärke gebracht. Aus Deutschland und Italien erhielten die Nationalisten neuerlich große Munitionsmengen, und die italienische „Aviazione Legionaria" erhielt ebenfalls wieder kräftigen Nachschub. Die Vorbereitungen für eine neue Offensive liefen auf vollen Touren. Strategisches Ziel des geplanten Großangriffes war die Eroberung von Barcelona und die Erzwingung der endgültigen militärischen Entscheidung zugunsten Francos in der Provinz Katalonien.

Als die zunächst für den 10. Dezember angesetzte und wegen Schlechtwetters verschobene Offensive endlich am 23. Dezember 1938 begann, sahen sich die Republikaner einer gewaltigen Übermacht gegenüber: Zwanzig Divisionen standen zwischen dem Fluß Segre und der Mittelmeerküste am Ebro entlang zum Angriff bereit. Sechzehn Divisionen waren rein spanisch, drei weitere bestanden zu 80 Prozent aus Italienern, und eine Division umfaßte ausschließlich Italiener. 300.000 Mann traten schließlich von Panzern, Artillerie und aus der Luft entsprechend unterstützt zur Offensive an. Während Teile der Angriffstruppen stationär blieben, stießen die eigentlichen Angriffskräfte von der Küste her nach Norden vor und trieben bald die auf einem teilweise zur Flucht ausartenden Rückzug befindlichen Republikaner vor sich her.

Am 27. Januar, fünf Wochen nach Offensivbeginn, fiel Barcelona. Deutsche und italienische Panzer ratterten durch die Stadt und durch den Hafen, wo die italienischen Sm 79 und die deutschen Stukas schon vorher schwere Schäden angerichtet hatten. Die Einwohner der Provinz Katalonien flohen in wilder Panik vor der „nationalen Dampf-

Nach dem Fall von Barcelona: Ein Feldgeschütz der Franco-Truppen während des Einzuges in die eroberte Stadt.

walze", und die Franzosen, die vor Beginn der Offensive wieder einmal ihre Grenzen geschlossen und damit die Zuführung von Nachschub für die Republikaner nicht unwesentlich behindert hatten, öffneten die Grenzen wieder und ließen 500.000 Spanier – davon etwa die

Hälfte Soldaten der Republik – ins Land und damit in die Sicherheit vor der Rache der Nationalspanier.

Noch vor Barcelona war am 14. Januar 1939 Tarragona, die zweitgrößte Stadt der Provinz Katalonien, gefallen. Nach dem Fall von Barcelona am 27. Januar 1939 verlegte die republikanische Regierung ihren schon vorher einmal nach Gerona verschobenen Sitz nach Figueras nahe der französischen Grenze.

Am 6. Februar 1939 überschritten die höchsten politischen Repräsentanten der Republik Negrin, Azuna und Luis Companys die französische Grenze und baten um politisches Asyl. Zwei Tage später waren die Franco-Truppen in Figueras, und am 9. Februar standen sie an der Grenze. Nach dem Fall der Provinz Katalonien war die Lage der Republikaner vollends aussichtslos geworden: Sie hielten sich im wesentlichen nur noch in Valencia und – beinahe unglaublich – immer noch in der Hauptstadt Madrid.

In der Schlußphase des Bürgerkrieges war die Legion Condor wieder auf ihre volle Stärke gebracht worden, und auch die Italiener frischten die Verbände der „Aviazione Legionaria" kräftig auf. Die Nationalisten konnten um diese Zeit über etwa 600 Flugzeuge verfügen. Dieser beachtlichen Streitmacht standen auf republikanischer Seite eine Handvoll Bomber und nur noch etwa 20 Jagdflugzeuge gegenüber. Die regierungstreuen Flotteneinheiten waren wegen der deutschen und italienischen Luftangriffe aus ihren Stützpunkten ausgelaufen und blieben so lange auf See, bis sie mit ihren letzten Brennstoffreserven in den Hafen von Bizerta einlaufen und sich dort von den Franzosen internieren lassen mußten.

Der Endkampf um Madrid erreichte noch einen unerwarteten dramatischen Höhepunkt, als im Februar 1939 der schon im sicheren französischen Exil gewesene Republikanerführer Negrin sich in die eingeschlossene spanische Hauptstadt einfliegen ließ und die dort kämpfenden Republikaner nochmals zum äußersten Widerstand zu veranlassen suchte. General Miaya, der militärische Befehlshaber – keineswegs ein feiger oder pessimistischer Mann – sprach sich jedoch wegen der offenbaren Sinnlosigkeit gegen die Fortführung des Kampfes aus. Es kam zu heftigen Auseinandersetzungen, und am 23. Februar gab es unter der Führung von Oberst Casado einen Aufstand gegen die Kommunisten in Madrid, eine Art von „Bürgerkrieg im Bürgerkrieg", der neuerlich über 1000 Tote forderte, bis die Nichtkommunisten schließlich als Sieger aus diesen Auseinandersetzungen hervorgingen. Die Versuche, mit Franco noch zu einem Verhandlungsfrieden zu kommen, waren allerdings erfolglos – was blieb, war nur die bedingungslose Kapitulation. Am 28. März 1939 zogen die Nationalisten in die spanische Hauptstadt ein.

Und auch im Süden des Landes legten die Republikaner jetzt die Waffen kampflos nieder: Am 31. März 1939 war der Spanische Bürgerkrieg endgültig vorüber. Am 1. April 1939 erschien das letzte von Generalissimo Franco unterzeichnete Kommuniqué des Bürgerkrieges: „Am heutigen Tage haben nach der Gefangennahme und Entwaffnung der Roten Armee die nationalen Truppen ihr letztes Ziel erreicht." Am 21. Mai 1939 feierte die Legion Condor in einer großen Parade in Leon Abschied von Spanien, und die immerwährende Freundschaft zwischen Spanien und Deutschland wurde bei dieser Gelegenheit feierlich beschworen. Neun Tage später begrüßte Göring 6000 heimkehrende Spanienkämpfer in Hamburg, und am 6. Juni 1939 nahm Hitler in Berlin eine Parade von 14.000 Spanienveteranen ab. Schon zwei Wochen vorher hatte er der Wehrmachtsführung gegenüber erklärt, er werde „Polen bei nächster passender Gelegenheit angreifen" . . . Und General von Richthofen, der Spezialist für Luftwaffeneinsätze zur Bodenunterstützung, behielt seinen in Spanien gut eingearbeiteten Stab wohl nicht zufällig auch nach der Rückkehr nach Deutschland fast bis zum letzten Mann. Ab dem 1. September 1939 sollte es wieder Arbeit für das bewährte Stabspersonal geben – denn an diesem Tag griff die Wehrmacht Polen an . . . Die Zusammensetzung der das Heer im Kampf unterstützenden Luftwaffenverbände, deren Befehl General von Richthofen übernahm, entsprach genau den in Spanien gewonnenen Erfahrungen: Vier Gruppen Junkers Ju 87 Stukas, eine Gruppe Henschel Hs 123 Schlachtflugzeuge und eine Gruppe Heinkel He 111 und Dornier Do 17 Kampfflugzeuge.

Die aus Spanien zurückkehrenden italienischen Flieger fanden noch weniger Zeit zur Muße und Erholung als ihre deutschen Kameraden: Innerhalb einer Woche nach dem Ende des Spanischen Bürgerkrieges ließ Mussolini seine Jäger und Kampfflugzeuge in Albanien Einsätze fliegen. Die schnellen und scheinbar überwältigenden Erfolge, die die Italiener in den letzten Wochen des Bürgerkrieges gegen die zusammenbrechenden Republikaner errungen hatten, verführten den Duce zu einer völligen Überschätzung der Kampfkraft des italienischen Heeres und der „Regia Aeronautica".

Wie wenig aber die Italiener von der Ausrüstung her und auch personell den Anforderungen eines modernen Bewegungskrieges tatsächlich gewachsen waren, sollte sich zu ihrem Leidwesen und zu dem ihrer deutschen Verbündeten in den Auseinandersetzungen des bevorstehenden Zweiten Weltkrieges schon sehr bald zeigen. Zweifellos sammelte die deutsche Wehrmacht und insbesondere die deutsche Luftwaffe im Spanischen Bürgerkrieg wertvolle Erfahrungen.

Manches wurde dabei allerdings auch mißverstanden und falsch interpretiert. Sehr wichtig waren die Erfahrungen, welche die Jäger in

Spanien machten: Die deutschen Jagdverbände brachten aus dem Bürgerkrieg die dort erprobte taktische Flugformation der „Rotte" und der „Kette" mit – zwei bzw. vier Maschinen, die, einander geschickt auch im Kurvenflug abdeckend, stets vor Überrraschungen durch den angreifenden Gegner bewahrt blieben. Andere Staaten wie etwa England behielten dagegen bei den Jagdverbänden auch im Einsatzflug die enge Staffelformation bei und waren dadurch 1940 während der Schlacht um England den taktisch wesentlich besser fliegenden deutschen Jägern zeitweilig stark unterlegen. Auch die Technik der Bodenunterstützung durch Kampf-, Schlacht- und Jagdflugzeuge und die Kommandotechnik bei der Zusammenarbeit zwischen Heer und Luftwaffe wurde in Spanien vervollkommnet. Die Notwendigkeit zur schnellen Beweglichkeit der gesamten Bodenorganisation war ebenfalls eine der Erkenntnisse, die die Legion Condor aus Spanien mitbrachte.

Obwohl die Deutschen mit der Arador Ar 68 in Spanien ein Doppeldeckerjagdflugzeug erprobten, welches der He 51 deutlich überlegen und den Kampferfordernissen des Bürgerkrieges noch durchaus gewachsen war, erkannte man dennoch richtig, daß die Epoche der Doppeldecker vorbei war: Die Zukunft gehörte dem schnellen eindekkigen Jagdflugzeug mit Einziehfahrwerk, wie es die neue Me Bf 109 in klassischer Form repräsentierte.

Anders als die Deutschen zogen die Italiener diese Lehre aus dem Spanischen Bürgerkrieg nicht: Da sich die Fiat Cr-32 gut bewährt hatte, ließ die „Regia Aeronautica" bei Fiat einen weiteren Jagddoppeldecker mit starrem Fahrwerk, die Cr-42, entwickeln. Als die Italiener dann aber 1940 in den Zweiten Weltkrieg eintraten, stellte sich sehr schnell heraus, daß die „Falco", wie man die Cr-42 allgemein nannte, zwar ein sehr wendiges, aber viel zu langsam fliegendes und zu schwach bewaffnetes Flugzeug war, das den Forderungen des modernen Luftkrieges längst nicht mehr entsprach.

Worin sich allerdings auch die Deutschen irrten, waren ihre Überlegungen zur Verwendung des modernen mittleren „Schnellkampfflugzeuges", wie etwa der Heinkel He 111 und der Dornier Do 17. Da diese Maschinen in Spanien kaum auf moderne und gut bewaffnete Feindjäger trafen, konnten sie sehr oft ohne jeden Jagdschutz operieren. Im Zweiten Weltkrieg war das anders: Schon über Frankreich und viel mehr noch über England fielen die deutschen Kampfflugzeuge – meist mit nur drei Maschinengewehren allzu gering bewaffnet – den französischen und englischen Jägern sehr leicht zum Opfer, wenn der deutsche Jagdschutz gerade nicht zur Stelle war.

Da sich in Spanien die Luft- und Bodenoperationen meist in räumlich eng beschränkten Gebieten abspielten, fiel es auch nicht sehr ins Gewicht, daß Maschinen wie die Hs 123, die Ju 87 und die Me 109 eigentlich nur über sehr beschränkte Einsatzreichweiten verfügten. Auch Nachschubschwierigkeiten und andere logistische Probleme größeren Stils kannte man bei den Spanieneinsätzen noch nicht. Auch die Tatsache, daß die Luftwaffe über kein viermotoriges Kampfflugzeug zur Durchführung strategischer Bombardierungen verfügte, störte im Spanischen Bürgerkrieg wegen der geringeren Einsatzentfernungen noch nicht.

Alles in allem war man in der deutschen Luftwaffe mit den in Spanien gewonnenen Erfolgen und Erfahrungen durchaus zufrieden – daß in der Legion Condor allerdings fast ausschließlich Elitebesatzungen geflogen waren, übersah man dabei ein wenig. Mehr noch als zuvor hielt man sich für „unbesiegbar". Erst später stellte sich heraus, daß die Wirklichkeit doch etwas anders aussehen konnte . . .

Zu den eindeutig als militärisch wesentlich zu wertenden Ergebnissen des Bürgerkrieges zählte die Einführung des konzentrierten Luftangriffes zur taktischen Unterstützung der Bodentruppen anstelle der konventionellen Artillerievorbereitung, der Einsatz von Tiefangriffsflugzeugen zur Erschütterung der Moral des Gegners, der Einsatz des Sturzkampfflugzeuges gegen wichtige Punktziele wie Brücken, Straßen, Eisenbahnen und Befestigungen und die großzügige Verwendung von Funkverbindungen auf jeder Befehlsebene. Hier hatte General von Richthofen bahnbrechend gewirkt: Er sorgte für die Bestellung von mit Funkgeräten und Kraftfahrzeugen ausgerüsteten Verbindungsoffizieren, die die vorgehenden Bodentruppen bis knapp hinter die Front begleiteten und wenn nötig über Funk Luftwaffenunterstützung anfordern konnten. Aufgrund der Erfolge in Spanien trat von Richthofen auch für eine möglichst dichte Anordnung der Feldflugplätze ein, fand dafür jedoch bei seinen Vorgesetzten zunächst nicht das entsprechende Verständnis, bis die Erfolge der ersten „Blitzfeldzüge" des Zweiten Weltkrieges die Richtigkeit seiner Ansicht allmählich bestätigten.

Im Jahr 1970 stellte Adolf Galland anläßlich eines Besuches bei der RAF fest, daß „der Einsatz der Luftwaffe in Spanien keinerlei strategische Erfahrungen oder gültige Konzeptionen gebracht hat, so nützlich sich auch die technischen, taktischen und auf dem Gebiet der Zusammenarbeit zwischen Heer und Luftwaffe erzielten Erkenntnisse ausgewirkt haben mögen". Auch die Technik des „Terrorbombardements" gegen die wehrlose Zivilbevölkerung wurde in Spanien erstmals erprobt und trotz der negativen Erfahrungen – Terrorangriffe schwächen nicht die Widerstandskraft der Bevölkerung, sondern fördern vielmehr das Zusammengehörigkeitsgefühl und den Haß gegen den gemeinsamen Feind – auch während des Zweiten Weltkrieges angewendet.

Im Gegensatz zur Luftwaffe profitierte die Panzerwaffe aus den Erfahrungen des Spanischen Bürgerkrieges nur in sehr geringem Umfang. Eines fanden die Deutschen allerdings heraus: Der in Spanien eingesetzte, mit zwei Maschinengewehren bewaffnete „Panzer I" erwies sich sowohl in der Bewaffnung als auch hinsichtlich seiner Panzerung als zu schwach. Obwohl der Panzer I bis in den Rußland-Feldzug hinein bei den Verbänden der deutschen Wehrmacht im Einsatz blieb, war man sich bereits bei Kriegsbeginn im klaren darüber, daß das Fahrzeug längst veraltet war und auch, daß die Panzertaktik und die praktische Verwendungsfähigkeit der Fahrzeuge noch sehr in den Kinderschuhen steckte: Mit den Zwillingsmaschinengewehren eines in rascher Fahrt befindlichen Panzers I ein feindliches Ziel verläßlich zu treffen, erwies sich als fast unmöglich. Fuhren die Panzer zu rasch, gerieten sie außerdem in unübersichtlichem Gelände sehr leicht in Gräben oder Panzerfallen, aus denen sie sich mit eigener Kraft nicht mehr herausarbeiten konnten. Oder man verlor infolge raschen Vorgehens den Kontakt zur eigenen nachkommenden Infanterie und war plötzlich „allein auf weiter Flur" und gegnerischen Panzerabwehrtrupps hilflos preisgegeben.

Die Deutschen zogen aus diesen negativen Erfahrungen die richtigen Lehren: Als die Wehrmacht in den Zweiten Weltkrieg zog, gab es große selbständige Panzerverbände, die sich mit motorisierten „Schützen" (später: Panzergrenadiere) bei ihren Operationen nicht nach der langsameren Marschgeschwindigkeit der zu Fuß vorgehenden Infanterie zu richten brauchten. In diesem Zusammenhang hieß es in einer Anfang 1940 erschienenen offiziellen deutschen Stellungnahme: „Man darf nicht vergessen, daß der Masseneinsatz von Panzerkampfwagen bisher in der Praxis noch nicht erprobt worden ist. Obwohl es im Spanischen Bürgerkrieg Möglichkeiten für Masseneinsätze von Panzern gegeben hätte, fanden solche Einsätze nicht statt, weil einfach die dazu notwendige Anzahl von Fahrzeugen nicht vorhanden war."

Die 8,8 cm Flak, das fand man ebenfalls schon in Spanien heraus, ließ sich auch erfolgreich gegen Bodenziele verwenden. Die Deutschen machten sich diese Erfahrungen sehr schnell zunutze und setzten die bewährte „8,8" gleich von Anfang an sowohl zur Flugzeugbekämpfung als auch im Erdkampf an allen Fronten ein.

Und auch die anderen Interventionsmächte des Spanischen Bürgerkrieges zogen Lehren aus den dort gemachten Erfahrungen: Die Russen erkannten die Bedeutung des Schlacht- und Erdkampfflugzeuges für die taktische Unterstützung der Infanterie und richteten – wie übrigens auch beim schnellen Aufklärungsflugzeug – ihre weiteren Entwicklungen nach diesen Erkenntnissen aus.

Auch das Erscheinen der deutschen Me Bf 109 im Bürgerkrieg war für die weitere Entwicklung der russischen Jagdwaffe nicht unmaßgeblich: Da sich die Polikarpov I-15 und I-16 dem neuen deutschen Baumuster deutlich unterlegen zeigten, versuchten die Russen, auch auf diesem Gebiet den deutschen Vorsprung aufzuholen und machten sich an die Entwicklung neuer und schneller Jagdmaschinen, mit denen sich dann die deutschen Jäger ab dem Herbst 1942 in zunehmendem Maße an der Ostfront herumzuschlagen hatten.

So unterlegen sich die „Rote Luftwaffe" in den Monaten nach Kriegsbeginn im Juni 1941 den Deutschen gegenüber auch erweisen sollte – die Tatsache, daß sie nicht vollständig vom Himmel gefegt wurde und sich nach den ersten schweren Schlägen mit ihrem Material auch gegen die stark überlegenen Deutschen zu behaupten begann, verdankte sie nicht zuletzt den in Spanien gewonnenen taktischen und technischen Erfahrungen.

Wie die deutsche Luftwaffe die in Spanien gewonnenen Erkenntnisse verwertete, darf als bekannt vorausgesetzt werden: Gerade die Luftwaffe war im engen Zusammenwirken mit den auf dem Boden rasch vorwärtsdringenden gepanzerten und motorisierten Heeresverbänden in entscheidender Weise an den deutschen Blitzkriegserfolgen zu Anfang des Zweiten Weltkrieges beteiligt. So war es in Polen, in Holland, Belgien, Frankreich und auch in Rußland – bis dann die große Wende kam . . .

Was aber wäre gewesen, wenn Hitler damals in jener Nacht in Bayreuth den spanischen Emissären gegenüber hart geblieben wäre? Was wäre gewesen, wenn es die Legion Condor niemals gegeben hätte? Der Spanische Bürgerkrieg hätte ohne deutsche Mitwirkung vielleicht viel länger gedauert als jene drei blutigen Jahre von 1936 bis 1939. Der Zweite Weltkrieg aber hätte ohne die von den Deutschen in Spanien gewonnenen Erfahrungen vielleicht kürzer gedauert als jene beinahe sieben mörderischen Jahre von 1939 bis 1945.